COMMENT TOUT PEUT S'EFFONDRER

Pablo Servigne
Raphaël Stevens

崩壊学

人類が直面している脅威の実態

パブロ・セルヴィーニュ
ラファエル・スティーヴンス
鳥取絹子［訳］

草思社

崩壊学　人類が直面している脅威の実態◉目次

序文　このテーマについては、いつか必ず話さなければならないだろう……　13
崩壊とは？／「コラプソロジー」の誕生／注意が必要な敏感なテーマ

第1部　崩壊のきざし　27

1章　車の加速　29
指数関数的に増加する世界／アクセル全開／限界はどこに？

2章　エンジンが止まる――乗り越えられない限界　40
ピークでエネルギーは下降する？／ピーク時に壁がある／壁の前に……深淵が

3章　道路の出口――乗り越えられる境界　60
温暖化と冷や汗／地球最後の動物を殺すのは誰か？／その他の境界線／一線を超えたらどうなるのか？

4章　方向がブロックされている？　85

ロック・イン現象はどう動くのか？／規模の問題

5章 ますます弱体化する車体のなかで身動きできず 97
足元がぐらつく金融システム／危機的な供給チェーン／息切れ寸前のインフラ／【トラックが止まると、米国も止まる】／火種は何か？

第1部のまとめ 113
一目瞭然の指標一覧

第2部 では、それはいつになるのか？ 119

6章 未来学の難しさ 121
リスクの測定から直感まで／崩壊の矛盾

7章 人は前兆信号を感知できるのか？ 130
崩壊に向かうシステムの「ノイズ」／つねに残る不確実性

8章　未来のモデルは何を語る？　139
オリジナル・モデル「HANDY」／信頼性の高い、ワールド3（メドウズ・モデル）

第3部　崩壊学　155

9章　モザイクのような世界の探究　157
正しくはどんな学問か？／過去の文明は何を教えてくれるのか？／人はどのように落下するか？／首まで……はまり込んでいる？

10章　そして人類はどうなるのか？　177
世紀末の人口は？——崩壊の人口学／将来は殺し合いになる？——崩壊の社会学／なぜ大多数の人は信じないのだろう？——崩壊の心理学／信じたいま、何をする？——崩壊の政治

結論　飢えは始まりでしかない　217

全体に適応できる崩壊学に向かって／「二日酔い」世代／もう一つの祭りの方法
子どもたちよ　225
あとがき　227
謝　辞　233
出典・参考文献　267
訳者あとがき　268

［編集部註］

・（　）内の番号ルビは、出典・参考文献を示し巻末に掲載した。

・〔　〕内の小さな文字は、訳者による註を示した。

恐れや悲しみ、怒りを
強く感じている老若男女へ
みな同じ船に乗っているように
行動する老若男女へ
ジョアンナ・メイシー〔ディープ・エコロジーの提唱者〕に触発され
日々、枝を増やして連結を強める
ラフ・ウェザー・ネットワーク（厳しい気候ネットワーク）へ

「世界人口が増加している状況において、生態系の破壊が世界的規模になりつつある。地域的な水不足、安価なエネルギー源の枯渇、多くの鉱石の欠乏、生物多様性の劣化、土壌の浸食と退化、異常気象……などによって生じる格差は、備えを持つ者とそうでない者のあいだで広がり、最悪の事態になるだろう。地政学的な均衡は揺らぎ、紛争が勃発するだろう。社会的な大惨事が拡大するおそれがあり、過去においては、社会全体が消滅するに至った。残念だが、これは客観的な歴史的事実である。（……）

種の崩壊が、実際に起こりうる可能性として見えてきたときに、私たちはどうするか。緊急の問題に対し、従来どおりの複雑で、時間のかかるプロセスをたどり、延々と審議することしかしないだろう。パニックに陥った西欧の国々は、自由と正義の価値観にそむくことになるだろう」

二〇一一年　ミシェル・ロカール（ミッテラン大統領時代の元首相）
ドミニク・ブール（ローザンヌ大学環境と地理科学部教授）
フロラン・オーガニュール（パリ政治学院環境哲学部教授）

「ある程度の確率で、二〇一〇年あたりに石油生産量が最大となるオイルピークを迎え、その後一五～三〇年間は、安全保障面でさまざまな影響のあることが想定できる。（……）中期的に、世界経済のシステムならびに各国の市場経済が崩壊することもある」

ブンデスヴェーア（ドイツ連邦軍）のレポート、二〇一〇年

「以下のリスクは、かなりの確率で確認されている。（……）3　異常気象現象による制度的なリスク。インフラ網が破壊され、電力や水の供給、保健衛生や緊急サービスなど、主要なサービスが立ちゆかなくなる。（……）5　食糧の安全供給が不安定になり、食糧供給システムが断絶するリスク」

気候変動に関する政府間パネル（ＩＰＣＣ）第五次評価報告書、二〇一四年

「我々の文明は現在、持続不可能な経済軌道上にあり、ゆくゆくは経済が衰退し、さらには崩壊する道をたどっている」

レスター・ブラウン『プランB2.0　エコ・エコノミーをめざして』二〇〇六年（ワールドウォッチ研究所創設者、アースポリシー研究所創設者兼所長）

「過去に崩壊した文明に関して、共通する特徴が二つあるという点で、研究者のあいだで意見

がおおむね一致している。一つは、どの文明も、過度の思いあがりと、己への過信に苦しんでいた。もう一つは、どの文明も、目前に現われた挑戦すべてに果敢に対応する確信に満ち、日に日に増える弱点を示す兆候は、悲観論と片づければ無視されると信じていた」

ジェレミー・グランサム、二〇一三年（投資家、世界最大の投資会社の一つ、グランサム・マヨ・バン・オッタールー〈GMO〉共同創始者）

「システムは人が考える以上に長期にわたって維持することが多いが、しかし最後は、人が想像するよりはるかに速く崩壊する」

ケネス・ロゴフ、二〇一二年（元国際通貨基金〈IMF〉チーフ・エコノミスト）

「人類は、飢餓が発端となる崩壊を避けることができるだろうか？　答えはイエス。現在、その可能性は一〇パーセントしかないとされるが、それでも避けられる。一見、救いようがないように見えても、未来の世代のために、この可能性をせめて一一パーセントにするために、私たちは闘う価値があると考える」

ポール・R・エーリック／アン・H・エーリック、二〇一三年（ともに生物学者、スタンフォード大学教授）

序文　このテーマについては、いつか必ず話さなければならないだろう……

危機、大災害、崩壊、衰退……。日々の世界ニュースに目を通すと、あたかも黙示録の終末論のようだ。いくつかの大惨事が現実として起こり、新聞のニュース面をにぎわせている現在——飛行機事故、暴風雨、洪水、ミツバチの大量死、株価の大暴落あるいは戦争——それでもあえて、この社会が「壁に向かって一直線に進んでいる」ことを暗に示し、「地球全体の危機」を告げ、また、地球の生物が絶滅した過去五回の絶滅期〔最後は六五〇〇万年前の恐竜の絶滅期〕に次ぐ「六番目の絶滅期」を証明するのを許してもらえるだろうか？

破滅的な出来事をあおりたてるメディアの波に押し流されていると、矛盾するようだが、〝大〟惨事について明確に話すと必ず……「天変地異論者」にされるようになった！　たとえば二〇一四年、「気候変動に関する政府間パネル」（ＩＰＣＣ）が最新報告書を発表したのは周知の事実だが、しかし、そのときに報告された気候の新しいシナリオや、結果としての社会的変化について、真面目に討論されたことがあるだろうか？　答えは、もちろんノー。あまりに破局的すぎるからだ。

おそらく、私たちは悪いニュースにうんざりしているのだろう。たとえそうだとしても、世界の終焉を思わせる脅威は、つねにあったのではないか？　未来を最悪の形で思い描くのは、西洋人特有の自己陶酔なのだろうか？　天変地異論は、エコロジストや科学者によって磨きがかかり、人々の新たな宗教になっているのだろうか？　そうではないはずだ。さあ、みなさん、ここでもう一度努力して、「危機」から抜け出そうではないか！

あるいは逆に、私たちは、本当の大惨事について話す術を知らないのだろうか？　大惨事は現に持続しており、現代生活のペースと合っていないところがある。私たちは深刻な環境問題、エネルギー、気候、地政学的、社会・経済的な問題に直面しており、それらは現在、後戻りできない段階を越えたのを認めなければならない。これを話題にする人は少ないが、しかしこれらの「危機」はすべて連結しており、影響しあい、持ちつ持たれつの関係になっている。

私たちの手元には現在、直面するシステム的な不安定が増大していることを示す膨大な証拠や指数があり、それによると、生存可能な環境を維持する一部の人類――さらには人類全体――の能力が深刻におびやかされている。

崩壊とは？

これは世界の終わりでもなければ、黙示録の終末論でもない。といって、人が無傷で抜け出せるたんなる危機でもなく、また、津波やテロのように、数カ月後には忘れられる局地的な惨事でもない。崩壊とは「人口の大半に法的な枠組で供給される生活必需品（水、食糧、住居、衣服、エネルギーなど）が、最終的に供給されなくなるプロセス[1]」のことである。

つまりこれは、広範囲にわたって取り返しがつかなくなるプロセスで、たしかに世界の終わりのようではあるが、しかし、終焉ではない。そのあとに続く期間は長期的になることが予想され、それをしっかり生きていかなければならないのである。ただし、その後がどういう世界になるのかは、まだ知る由もない。そのかわり、仮に「生活必需品」が供給されなくなったら、状況はかぎりなく破滅的になることは容易に想像できる。

しかし、崩壊するのはどこまでなのだろう？　関係するのは誰なのだろう？　最貧困国？　ヨーロッパ？　富裕国全体？　工業先進国？　西洋文明？　人類全体？　あるいは、一部の科学者が予想するように、生物種の大半が絶滅するのだろうか？

これらの問いに対する明確な答えはないのだが、しかし、確かなことは一つ。可能性はどれも排除できないということだ。私たちがさらされている「危機」は、すべての分野に及んでいる。たとえば、石油の枯渇は工業先進国全体にかかわり（ただし、グローバル化から取り残された小規模な伝統的農業社会は関係なし）、いっぽう、気候変動は人類全体と、生物種の大半をおびやかしている。

地球的規模の大災害の変化や、増大する崩壊の可能性を考察する科学出版物はますます増え、補強されている。二〇一三年、イギリス科学アカデミー「ロンドン王立協会」の報告書に掲載された、ポールとアン・エーリックの記事では〔冒頭一二ページ参照〕、崩壊の可能性はほぼ明確になっている……。[2] 二十一世紀後半と思われていた、地球的規模の環境変化による結果が現在、目に見える形で現われ、ますます深刻になっていることは、数字によっても明らかになっている。気候は暴走し、生物多様性は崩壊、汚染はあらゆるところに忍びこんで永続している。経済はいつ心臓発作が起きてもおかしくなく、社会的・地政学的緊張が増大している……などだ。

　国の最高指導者や、国際的な大組織（世界銀行、軍隊、ＩＰＣＣ、投資銀行、国際非営利団体など）の公式レポートが崩壊の可能性に言及し、また、環境問題に造詣の深いイギリスのチャールズ皇太子が「広範囲での自殺行為」[3] と形容するのは、もうめずらしいことではなくなっている。

　より広く地質学的な時代区分でいうと、現在の特徴でもある、人類があらゆる面で大きな影響を及ぼすようになったこの新しい時代には「人新世《じんしんせい》」〔人類の時代という意味。十八世紀後半の産業革命以降の時代〕という名がつけられている。[4] ちなみに私たち「人類の時代」の前は「完新世《かんしんせい》」〔最終氷河期が終わる約一万年前から現在まで〕と呼ばれた時代で、きわめて安定した気候が約一万二〇〇〇年続き、農業と文明が出現している。そしてここへきての数十年、人類の影響力が、地球システムの生物地球化学的大循環を揺るがせるまでになり、深刻で予測不能な変化の新時代をつくりだしている。

　しかし、これらの確認された事実や数字はいかにも「冷淡」だ。私たちの日常に何のかかわりがあるだろう？　全体に厳密な科学の重大発表と、予想外の出来事や熱い感情、細事に埋没する日々の生活とがどうも結びつかない。そのあいだに、埋めるべき空白があるのではないだろうか？　そしてまさにこの空白を埋めようとするのが本書である。「人新世」とみなさんの胃を結びつけるのだ。

そのために、私たちは「崩壊」という概念を選んだ。というのも、これはいろいろな場面で使えるからだ。生物多様性の劣化にも、破壊的な出来事にからむ感情にも、あるいは飢餓のリスクを討論するにも、この言葉で対処できる。またこの概念は、広く共感を呼ぶ映画の想像世界にも（たとえば誰もが、映画『マッドマックス　サンダードーム』でメル・ギブソンが砂漠でショットガンを手に闘う映像を思い浮かべるだろう）、閉鎖的な科学界のレポートにも通じ、異なる時間軸を取り上げて（日常的な緊急事態から地質学的な時代まで）、過去と未来を容易に行き来できる。また、最近ではギリシアの社会的・経済的危機や、中国やヨーロッパで見られる鳥類や昆虫類の大量死を関連づけることもできるだろう。要するに、崩壊という言葉を使うことによって、「人新世」の概念を生き生きと、明確なものにできるのだ。

しかし、メディアや有識者のあいだでは、崩壊に関する問題が真面目に取り上げられることはない。有名なコンピューターの二〇〇〇年問題〔二〇〇〇年になると誤作動する可能性があるとされた問題〕も、次いで、二〇一二年十二月二十一日の「マヤ暦人類滅亡説」〔マヤ暦がこの日で終わっている〕も、事実に基づく真面目な議論がされることなくうやむやにされている。公に「崩壊」について言及すると、黙示録の終末論者と同じように扱われ、いつの時代にも存在した「信奉者」や「非合理主義者」と見られるのがおちだ。崩壊の話題を無意識に遠ざけるこのプロセス――こちらのほうがよほど非合理にみえる――で、公開討論が行なわれたとしても知性のかけらもないものになる。

しかも論点は決まって二つに分かれて対立、どちらも漫画のような議論に終始する。一つは終末論者、サバイバリスト（生存主義者）、自称マヤ人による「この世の終わり」的な演説。もう一つは、「革新派」による頑とした否認である。フランスでは後者に、エコロジストを公然と批判する哲学者リュック・フェリー、地球科学者クロード・アレーグル、作家パスカル・ブルックナーなどがいる。

二つの議論はいずれも熱をおびて、揚げ足取りに近く、まさに「終末論vs革新派」だ。双方で対立して嫌悪感をつのらせ、お互いに冷静に相手を尊重する姿勢は微塵もない。それが結果として聞き手である一般人に影響し、集団で現実を否認する風潮が強まっているのが、まさに私たちの時代の特徴だ。

「コラプソロジー」の誕生

このテーマでは、いくつかの優れた哲学的考察[5]が行なわれているにもかかわらず、崩壊（または「世界の終わり」）についての討論では、事実に基づいた議論が決定的に欠けている。いずれも想像の世界か、哲学的な分野にとどまっており、言ってみれば、基本のところで「大地から離れて」いる。

また、崩壊を扱った本は数多いが、一般に一つの視点か一つの学問分野（考古学、経済学、環境学など）に細分化され、体系的な取り組みが不十分だ。たとえば、世界的ベストセラーになった、アメリカの進化生物学者で作家のジャレド・ダイアモンドの『文明崩壊――滅亡と存続の命運を分けるもの[6]』は、過去の文明の考古学と環境学、生物地理学的考察にとどまり、現在の状況についての重要な問題には触れていない。ベストセラーになったほかの本をみても、取り扱っているのはほとんどがサバイバリスト的な問題で（血と炎になった世界で、どのように弓矢をつくり、飲み水を確保するか）、読者に刺激を与え、ゾンビの映画を観たように震えさせている。

欠けているのは、本当の経済状況や、地球の生物物理学的な現状――さらには、システム的な分析――だけではない。とくに欠けているのは全体的な視点だ。崩壊とはどのようなもので、何が引き金となり、結果として「現世代」にどのような心理的、社会的、政治的な影響を与えるかには触れていない。崩壊に応用できる学際的な学問が一つ、欠けているのだ。

そこで、私たちはその学問を勝手に「コラプソロジー＝崩壊学」（ラテン語で「ひと塊で落ちる」という意味の「コラプス」から）と名づけ、本書ではその基盤となるものを、世界中に四散した研究から集めて紹介することにする。目的は、これから起きることと、それは何なのかを明らかにする、つまり、これらの出来事に意味を与えることである。またとくに、そのような展望のもと、実施すべき政策を冷静に議論するために、テーマを可能なかぎり真剣に扱うことである。

「崩壊」という言葉をほのめかすだけで、多くの疑問がわきあがってくる。はたして私たちは、地球全体の現状について何を知っているのだろう？　私たちの文明の現状については？　株式市場の暴落と生物多様性の崩壊は比較できるのだろうか？　「危機」が連結して永続したら、私たちの文明は本当に旋風に巻き込まれて木っ端みじんになるのだろうか？　そうなったらどこまで行くのだろう？　それはいつなのだろう？　そのとき私たちは民主主義を維持できるのだろうか？　崩壊にはまだ「文明」があり、多少なりとも平和に暮らせるのだろうか？　そうなったら当然、不幸になるのだろうか？

崩壊学の目的の一つは、この言葉の中心に迫り、微妙なニュアンスを理解して、幻想を見抜くことである。そのためには一刻も早く、崩壊の概念を明らかにし、異なる時代と結びつけ、その構造や細部、ニュアンスを明確にしなければならない。生き生きとして役に立つ概念が緊急に必要となっている。歴史からわかるのは、マヤ文明にしろ、ローマ帝国、近代ではソ連邦にしろ、崩壊にはさまざまな段階があり、一定の傾向はあるにしても、どのケースも一つしかないということだ。

加えて、世界は均一ではない。「南北関係」の問題も、新たな角度で再検討しなければならないだろう。アメリカ人はアフリカ人と比べて、一人平均で何倍も多くの資源やエネルギーを消費している。しかし、気候温暖化の影響をもろに受けているのは赤道に近い国々で、まさにその原因である温室効果ガスの排出量が少ない地域だ……。崩壊の時間性にしろ地理にしろ、ともに真っすぐな線でも一様でもないことは明らかだろう。

本書は、みなさんを恐怖におとしいれるものではない。私たちは千年王国説の終末論にも、また地球が六五〇〇万年前に体験したような、大量絶滅期の引き金となる宇宙物理学や構造地質学で想定できる出来事にも触れないだろう。人間だけでできることを論じるだけで十分だからである。また、本書は未来を信じない悲観的な本でも、問題を矮小化して最後の章で「解決法」を述べるような「ポジティブ」な本でもない。

本書で試みているのは、事実を白日のもとにさらけだし、適切な問題を提起して、テーマを理解するための道具を集めることだ。ハリウッドの終末論的映画やマヤ暦、「テクノ信仰」とは一線を画している。また、私たちは、世紀の悪いニュース「ベストワン」を紹介するだけではない。とくに「ポスト炭素」世界ですでに生活している人々の行動を理解し、受け入れるための理論的な枠組も提案する。これら率先的な活動はまだ小規模だが、急激な広がりをみせている。

注意が必要な敏感なテーマ

しかし、このようなテーマに取り組むには合理性だけでは不十分だ。この問題にかかわるようになってすでに数年、その経験――とくに講演などで一般の人々との出会い――から学んだのは、数字だけでは事態の大きさを把握できないということだった。そこにどうしても加えなければならないのは、直感、感情、倫理的なものだ。したがって、崩壊学は、研究対象と距離をおく中立的な学問ではないということだ。「崩壊学者」は、研究する人や物と直接的にかかわることになる。もう中立のままでいることはできず、そうしては「いけない」のである。

このような道をたどると、どうしても障壁にぶつかることになる。崩壊のテーマには毒性があり、人々の存在の奥深くに突き刺さるからだ。この衝撃はきわめて大きく、夢が砕かれてしまうものだ。この数年の研究を通して、私たちは不安や怒り、深い悲しみの波に襲われた。しかし最後は、徐々にではあっても、ある種の受け入れ、時に希望や喜びを強く感じるようになった。

この感情の動きはなんなのだろう？　脱炭素世界への移行は「トランジション」と呼ばれているが、そのパイオニアとして有名なロブ・ホプキンスのマニュアル本(7)を読みながら、私たちはそれらの感情を喪失の段階と結びつけることができた。ここでの喪失は未来の「ヴィジョン」だ。事実、崩壊の可能性を理解し、それを信じはじめるということは、結局のところ、思い描いていた未来を諦めるのと同じである。つまり、私たちが子供の頃から思い描き、未来の世代のために温めていた希望や夢、期待をもぎ取られてしまうのだ。崩壊の可能性を受け入れるということは、私たちにとって大切だった未来、いかに不合理でも安心できた未来が消えるのを受け入れることなのだ。なんと悲しい別離だろう。

私たちはまた、身近な人の怒りを買い、実際に非難されるという不愉快な体験もした。これはよく知られた現象だ。悪い知らせを消し去るためなら、人はギリシア神話の悲劇の予言者「カッサンドラー」のように、警告を発する使者を殺すほうを好むのだ。しかし、それでは崩壊の問題の解決にならないうえ、そういう終わり方にはまったく興味がないことを、最初に知らせておこう……。

まずは崩壊について議論しよう、ただし落ち着いて。たしかに、崩壊の可能性は大切な未来を閉ざしてしまう。それはむごいことだが、しかしそれによって別の未来が無限に広がり、なかには驚くほど楽しげなものもある。したがって、すべてはこれら新しい未来をいかに飼いならし、生き生きとさせるかにかかっていると言えるだろう。

私たちが講演などで一般の人々に働きかけた最初の頃は、できるだけ客観的に、数字と事実だけで説明するように心がけた。しかし事実が明らかになるにつれ、感情面の吐露が強くなった。私たちは理性に語りかけていると思っていたのが、じつは心の琴線に触れていたのだ。観衆から伝わってきたのは、悲しみ、涙、激しい不安、恨み、あるいは怒りの発散だった。私たちの講演は、多くの人がすでに抱いていた直感を言葉にさせた。心の奥まで届いていた。さらにこれらの反応は、それまでひた隠しにしていた私たち自身の感情に共鳴するものだった。

講演後は、感謝の気持ちが爆発して熱い雰囲気になることが多くなり、それは回を重ねるごとに高まった。そうして確信したのは、講演では客観的な事実だけでなく、主観的な温かみ――感情のための場所をあけておく――を加えなければいけないということだった。それだけではない。否認や喪失、「ストーリーテーリング」、その他、崩壊と心理が結びつくあらゆるテーマの行動学について、まだ多くを学ばなければならないということも確信した。

私たちと、進化はこのまま一直線に続くという考えを保持――守る――していた身近な人たちとのあいだに、溝ができることもよくあった。時が経つにつれ、私たちは世界のニュースに対する世間一般の「ドクサ」、つまり硬直化した共通の価値観から明らかに離れていった。「まずは体験してください。崩壊が近いという展望のもとで、情報に耳を傾けてください。そうすればわかるでしょう」は、なんの意味もなさなかった。この世界の一員（これまで以上に）でありながら、その他大勢が抱く支配的なイメージと切り離された感覚は……不思議なものだ。

おかげで私たちは、この仕事が適切かどうかについても考えさせられることになった。私たちは気が変になったのか、セクト主義になったのだろうか？　必ずしもそうではない。というのも一つは、対話はつねに可能だったことと、もう一つは、私たちは決して孤独な闘いをしているのではないという歴然とした事実があったからだ。崩壊学者（不思議なことに、技師や研究者が多い）や、このテーマに敏感な人の数は増えつづけ、意識の高い動きや、ネットワーク同士が連絡を取り合う関係が密になっている。

また多くの国で、経済や科学、軍事の専門家、そして一部の政治的な動き（脱成長路線、トランジション、オルタナティブ運動「アルタナチバ」など）が、表立って崩壊のシナリオに言及するようになっている。世界的ブロゴスフィア（ブログ圏）も、主として英語圏ではあるが、非常に活発だ。フランスでは、「モメンタム」研究所[8]がこの分野ではパイオニア的な活動をしており、私たちも非常に助けてもらっている。いまや崩壊が来るのを知らないほうがおかしいのだ。

本書では、第1部で事実を述べることにする。私たちの社会と地球システムに、いま何が起ころうとしているのか？　私たちは本当に崖っぷちにいるのだろうか？　最も決定的な証拠とは何なのか？　そうして、あらゆる「危機」が一点に集まることで、このような崩壊の道筋が予測できるとわかるだろう。

しかし、地球的規模の崩壊はまだ起きていない（いずれにしろ北ヨーロッパでの話。というのも、ギリシアやスペインの経済危機問題は、おそらく始まりの例だから）。したがって、私たちは未来学というデリケートなテーマにも触れなければならない。こうして第2部では、その未来を予測できそうな指数を集めることにする。

そして最後の第3部は、崩壊の概念に具体的な厚みを与えるための入門編になるだろう。なぜ人はそれを信じないのだろう？　崩壊と「共に生きる」にはどうしたらいいのだろう？　仮にこのプロセスが数十年続くとしたら、私たちは社会的集団としてどう対応したらいいのだろう？　この非常事態を避けるのではなく、可能なかぎり「人間的に」切り抜けるには、どんな政策が考えられるだろう？　人は現に起きていることが崩壊だと意識できるものだろうか？　それはどこまで深刻なのだろう？

第1部

崩壊のきざし

本章では例えとして車を取り上げてみよう。車が登場するのは、産業時代の初期。車に乗って、走らせていたのは、当初は数カ国のみだったが、その後の一世紀にほかの国も仲間入りをする。車が上陸したこれらいわゆる産業文明の国々は、本章でこれから述べるような特別な軌道をたどった。最初はゆっくりと、徐々に始動した車は、第二次世界大戦が終わると加速し、「グレート・アクセラレーション」[9]と呼ばれる加速度的な大変化で、驚くべき勢いでスピードを上げはじめた。現在はエンジンが過熱し、エンストのサインを発して、速度計の針が揺れはじめている。車はこのままスピードを上げつづけていくのだろうか？　どこかで安定するのだろうか？　それともこの勢いは下降線をたどるのだろうか？

指数関数的に増加する世界

指数関数的な増加とは倍々で増加することで、私たちは学校で学んだことがあるのに、実際に思い描くことには慣れていない。もちろん、グラフが上に向かっていれば、増加しているのはわかる。しかし、なんという増加だろう。人の頭脳は算数的な増加、たとえば馬が月に一センチ大きくなるというのは簡単に想像できるのに対し、指数関数的となると想像しにくい。

たとえば仮に大きな布を二つ折りにし、それをさらに二つ折りにすることを四回繰り返すと、布の厚さは約一センチになるだろう。もし可能なら、さらに二つ折りを二九回繰り返すと、布の厚さは五四〇〇キロメートルに達し、これはパリ―ドバイ間の距離になる。そしてさらに二つ折りを何回か繰り返していくと、布の厚さは地球と月のあいだの距離を超えてしまうのだ。

同じように、経済活動は一〇年ごとに二倍になり、二〇年後には四倍になる。五〇年後には三二倍になる。GDP〔国内総生産〕が年に七パーセントずつ増加すると〔たとえば中国のケース〕、経済活動は一〇年ごとに二倍になり、二〇年後には四倍になる。五〇年後には三二倍になった中国経済とかかわることになり、これを現在の価値にすると、世界経済の四倍近くが追加されるのと同じになる。真面目に考えて、こんなことがこの地球の現状で可能なのだろうか?

指数関数的増加の信じられない動きを紹介する例は、枚挙にいとまがない。フランス人生物学者アルベール・ジャカール〔一九二五―二〇一三〕の「スイレンの方程式」[10]〔毎日二倍ずつ大きくなるスイレンの葉が、湖全体をおおうまで四八日かかる。では半分をおおうまで何日かかるか?――答えは四七日〕から、「チェス盤の法則」〔チェスの最初のマス目に米粒を一粒、次はその倍の二粒、次はさらに倍の四粒と置いていくと、最後の六四番目のマス目に置く米粒は二×六四乗個になるという話〕まで、[11]すべてはこの増え方がきわめて想定外、さらには直感を欺くことを示している。この影響が目に見えるようにな

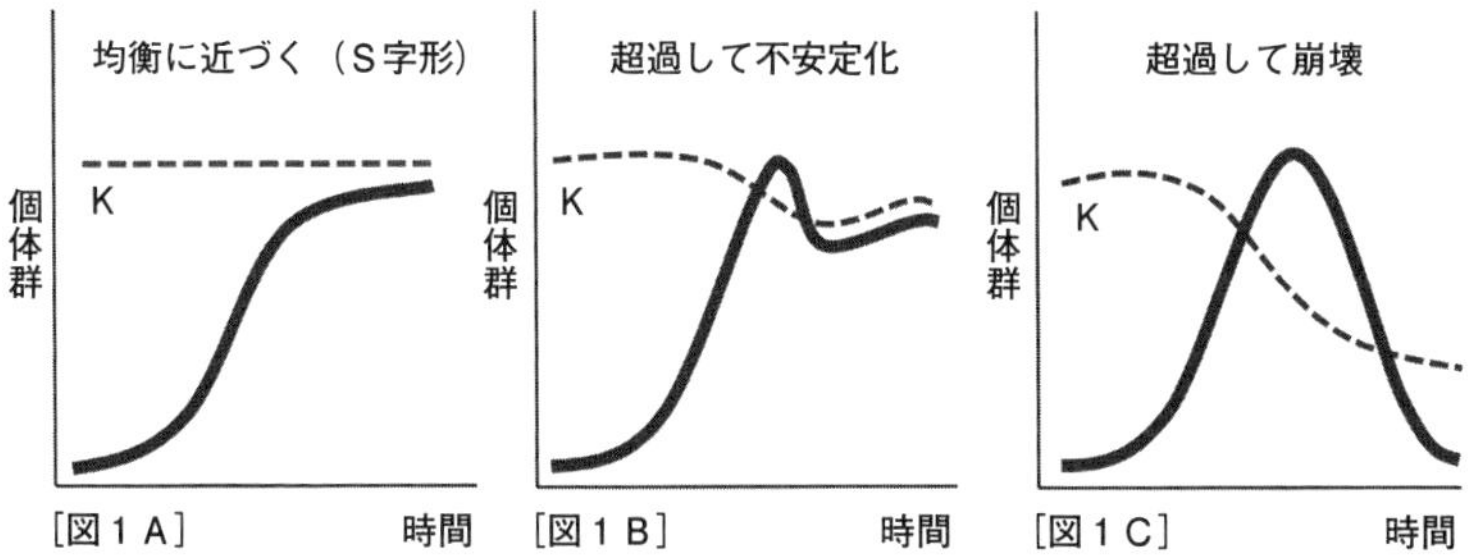

［図１］**指数関数的増加に対する生態系の反応（直線は個体群、点線は環境の収容力を表わす）**
（出典：メドウズおよびその他、2004年[13]）

るときは、すでに遅すぎることが多いのだ。

　数学では、指数関数は天までのぼっていくのだが、地球上の現実世界では、その前に天井がある。この天井を、エコロジーではエコシステムの「環境収容力」（最大の個体群レベルをKで表わす）と呼び、一般に、指数関数的増加に対応するシステムとして三つの形態がある（図1を参照）。

　典型的な例として、牧草地に生息するウサギの個体群が増加するケースを見てみよう。一つは、天井にぶつかる前に個体群が少しずつ安定する（それ以上は増加せず、環境との均衡を見出す）ケース［図1A］。二つ目は、個体群が牧草地の最大収容閾《いき》を超えて増加したあと、不安定に減少して安定、牧草地はやや劣化するケース［図1B］。三つ目は、個体群が天井を突き破って増加し、加速を続け（行き過ぎ）、いずれは牧草地が消滅して、ウサギも絶滅するケース［図1C］だ[12]。

　これら三つの理論的図式は、三つの時代を解明するのに役立つだろう。実際、最初の〔図1A〕は、まさに一九七〇年代の環境政策に通じるものだ。まだ時間があり、「持続可能な開発」（英語圏では「定常経済」と呼ばれている）軌道をたどる可能性は残っていた。二番目の〔図1B〕は、一九九〇年代のエコロジーを表わしている。環境への負荷を示すコンセプト「エコロジカル・フットプリント」のおかげで、私たちの人間活動が地球の「グローバル」な収容能力を超えていることがわかった時代だ(14)。この時代以降、人類全体は、毎年「地球一個分以上を消費」し、エコシステムは悪化している。そして最後の〔図1C〕が表わすのは、二〇一〇年代のエコロジーだ。

ここ二〇年来、私たちは「すべて承知のうえで」アクセルを踏みつづけ、私たちを受け入れ、支えている地球システムを執拗に破壊しつづけている。これを見るかぎり、楽観的な人がなんと言おうと、私たちが生きている時代に崩壊のきざしが見えるのは明らかだ。

アクセル全開

ここで、私たちの社会と地球への影響力について、多くのパラメータが指数関数的な動きを示しているのを理解する必要があるだろう。人口、GDP、水とエネルギー消費量、肥料の使用量、エンジンや電話機器の生産量、観光、大気中の温室効果ガス濃度、洪水の頻度、エコシステムの被害、森林破壊、種の絶滅率など、リストは延々と続く。

この「統計指標(15)」（図2を参照）は、科学者のあいだではつとに知られており、「人新世」と

社会的・経済的傾向

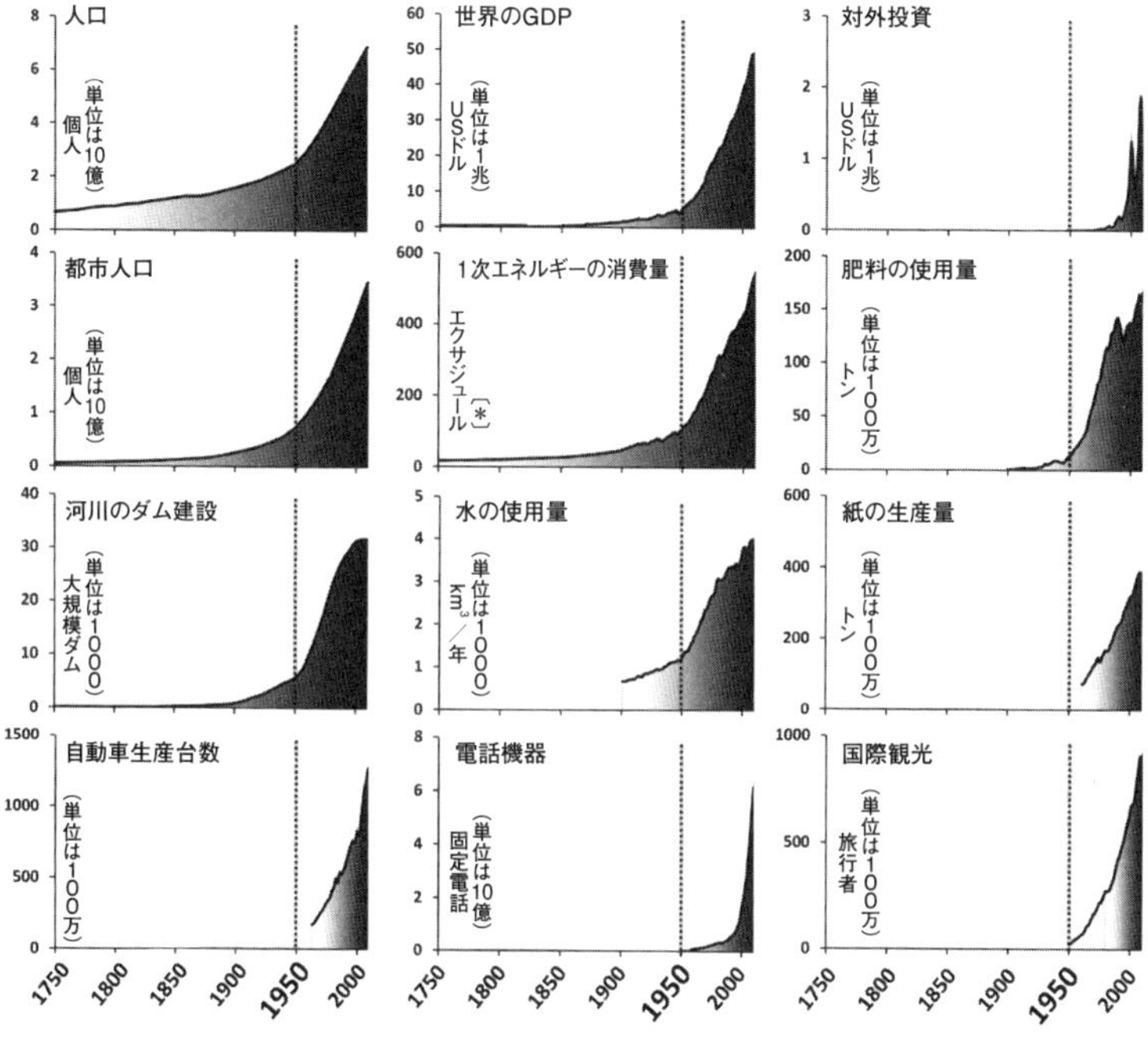

〔＊ジュールはエネルギーの単位で、エクサジュールは10の18乗ジュール〕

［図2］**人新世の統計指標**

（出典：ウィル・ステファンおよびその他、« The trajectory of the Anthropocene : The Great Acceleration », *The Anthropocene Review*, 2015, p. 1-18）

地球システムの傾向

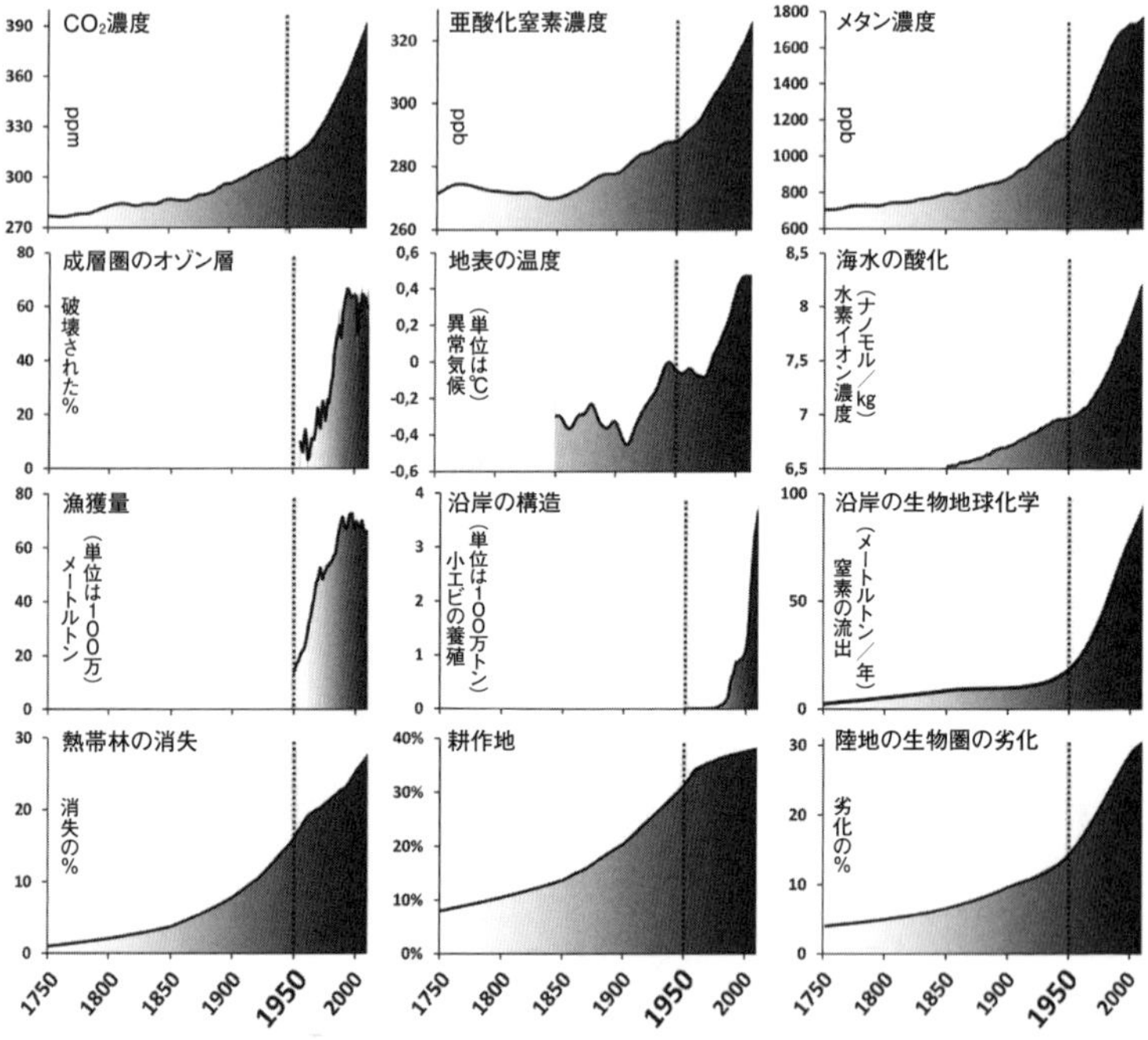

CO2濃度
ppm
390
360
330
300
270
亜酸化窒素濃度
ppb
320
300
280
260
メタン濃度
ppb
1800
1600
1400
1200
1000
800
600
成層圏のオゾン層
破壊された%
80
60
40
20
0
地表の温度
(単位は℃)
異常気候
0,6
0,4
0,2
0
-0,2
-0,4
-0,6
海水の酸化
(ナノモル/kg)
水素イオン濃度
8,5
8
7,5
7
6,5
漁獲量
(単位は100万メートルトン)
80
60
40
20
0
沿岸の構造
(単位は100万トン)
小エビの養殖
4
3
2
1
0
沿岸の生物地球化学
(メートルトン/年)
窒素の流出
100
50
0
熱帯林の消失
消失の%
30
20
10
0
耕作地
40%
30%
20%
10%
0%
陸地の生物圏の劣化
劣化の%
30
20
10
0
1750
1800
1850
1900
1950
2000

呼ばれる地質学的な新時代のロゴと言ってもいいほどになっている。人類が地球システムの生物地球化学的大循環をくつがえすほどの力をつけた時代である。

何があったのだろう？　なぜこれほど急激に数値が上昇しているのだろう？「人新世」の専門家の一部は、この時代の始まりを十九世紀半ばとしている。産業革命を通して、石炭の使用と蒸気機関が普及し、鉄道がブームになった一八四〇年代だ。続いて、初めての原油鉱脈が発見されている。すでに一九〇七年、フランス人哲学者アンリ・ベルクソン（一八五九―一九四一）は、鋭い洞察力をもってこう書いていた。

蒸気機関が発明されてから一世紀が経ち、私たちは当初に強く感じた深い衝撃をほとんど忘れはじめた。それでも、蒸気機関が産業にもたらした革命は、人間関係を一変させた。新しい考えが現われている。新しい感情が芽生えようとしている。数千年後、過去が衰退して大まかな概要のみが残ったとき、戦争や革命は、まだ思い出せるとしても、些細なことにされるだろう。しかし、蒸気機関とそれに付随するあらゆる発明については、おそらく、私たちが石器時代や青銅器時代と話すように、一つの時代の定義として使われるだろう。[16]

こうして熱機関と科学技術時代が、農村社会と手工業時代に取って代わった。速くて安価な交通機関の出現で貿易ルートが開け、距離が縮まった。産業界では、オートメーション化された流れ作業でハイペースの生産が普及、徐々に、物質的な満足度が「グローバルに」向上した。公衆衛生や食事、医療も決定的に進歩し、平均寿命は延び、死亡率も著しく減少した。

世界人口は、過去八〇〇〇年は約一〇〇〇年ごとに二倍になっていたのが、わずか一世紀で二倍になりはじめた。一八三〇年には一〇億人だった人口は、一九三〇年には二〇億人を超え、以降はさらに加速。それから二倍になるのに四〇年しかかからず、一九七〇年には四〇億人、現在は七〇億人だ。二十世紀のあいだに、エネルギー消費量は一〇倍、工業用鉱石の採掘は二七倍、建築素材の採掘は三四倍になった。(17) 私たちが引き起こしている変化の規模と速さは、人類史上前例のないものだ。

この急激な加速は社会レベルでもきわだっている。ドイツ人の哲学者で社会学者のハルトムート・ローザは、この社会的加速の三つの局面を述べている。(18)

一つは技術面での加速だ。「移動と通信手段の速度が加速したことが、いっぽうで、現代のきわめて特徴的な体験である『空間の収縮』の原因になっている。実際、空間的な距離は、その横断がより速く、シンプルになるにつれ短くなるように見える(19)」

二つ目は社会変化の加速、つまり、私たちの習慣や人間関係のあり方が、ますます速く変化するということだ。たとえば、「事実として、隣人が引っ越してきてまた転居する頻度が増えており、人生の(ある区分の)パートナーのみならず、雇用にしても『人生の半分』からますます短い期間になり、ファッションや車のモデル、音楽のスタイルも速度を上げて新しくなっている」。まさに私たちは「現在が短縮」した時代にいるのである。

三つ目は、生活リズムが加速していることだ。というのも、技術や社会が加速しているのに対応して、私たちもより速く生きようとしているからである。スケジュールをより効率的に埋め、貴重な時間を「無駄」にするのを避けているのだが、それによって私たちがすべき（したい）ことが無限に増えていくように見えるのは奇妙だ。「急激な『時間の足りなさ』が、現代社会の恒常的な状態になった[20]」

結果は？　幸せはどこかへ立ち去り、大量の燃え尽き症候群と鬱状態が生じている。そうした進歩のきわみが、私たちの生活レベルが向上する気配はいっこうになく、ただ現状が維持されているだけだということだ。

限界はどこに？

したがって、私たちの時代の最大の問題は、天井がどこになるかを知ることである[21]。私たちはこのまま加速しつづけられるのだろうか？　私たちの指数関数的な増加に限界（一つまたは複数）はあるのだろうか？　もしあるとしたら、崩壊までに残された時間はどのくらいなのだろう？

単純すぎるかもしれないが、ここでも車に例えてみることで、私たちが直面するさまざまな「問題」（「危機」と呼ぶことにしよう）を明確に区別することができる。そうして推測できるのが、限界には二つのタイプがあるということだ。文字どおりの限界（リミット）と、もう一つ、境界（バウンダリー）だ。前者の限界は乗り越えられない。というのも、熱力学の法則にぶつかるからで、車ではガソリンタンクの問題になる。二番目の境界は乗り越えられるが、しかし裏に隠れて目に見えず、越えたと気づいたときは遅すぎる。車では速度や路面に対するタイヤの密着性など、走行の安全性の問題になる。

私たちの文明の「限界」は、いわゆる「ストック」資源とされる再生不能資源（化石燃料や鉱石）の量と、再生可能だが、しかし再生が間に合わないペースで消耗される「フロー」資源の量で規定される。車では、エンジンはつねにより高性能になっても、燃料不足で機能しなくなる瞬間がくるということだ（2章を参照）。

いっぽうの「境界」は、私たちの文明を正常に維持するシステムが不安定化し、破壊するおそれのある越えてはならない一線のことである。気候や地球システムの大循環、エコシステム——人間以外の生物すべてを含む——などだ。車では、速度を上げすぎると道路の細部が目に入らなくなり、事故のリスクが高まることだ（3章を参照）。3章では、車が思いがけず標識のある道を外れ、不確かで危険な世界に入ったとき、何が起きるかを見てみることにしよう。

これらの危機の性質はまったく異なるが、しかしすべてに共通するものが一つある。車の加速である。さらに、それぞれの限界と境界は、「それだけで」文明を不安定化させるものだ。問題は、私たちの文明の場合、複数の限界に「同時に」突きあたっており、しかも複数の境界をすでに越えてしまっていることだ！

車そのものは、もちろん年月とともに高性能化している。スペースは広くなり、よりモダンで快適になったのだが、しかし、なんという値段だ！　スピードを落とすのも、進路を変えるのも不可能――アクセルペダルは床に固定され、行く先は固定されている（4章を参照）――なだけでなく、最も懸念されるのは、車の車体がこれ以上ないほど脆弱になったことだ（5章を参照）。

車は私たちの社会そのものであり、私たちの熱産業文明そのものだ。私たちは、GPSで行き先がプログラミングされている車に乗せられ、休憩の予定はいっさいない。私たちは車のシートに快適に座り、スピードのことなど忘れている。走行中に生物を踏みつぶしたことも、膨大なエネルギーを消費し、後ろに排気ガスをまき散らしていることも知らない。いったん高速道路に入ったら、重要なことは到着時間と現地の気温、ラジオ番組のよしあし……だけなのである。

ではエネルギーから始めよう。一般にエネルギーは二次的な技術的な問題と見なされることが多く、優先順位としては雇用、経済、民主主義のあとになっている。ところが、エネルギーはあらゆる文明の中心をなし、とくに私たちの工業化された消費文明ではそうである。人は創造性や購買力、投資能力が不足してもなんとかできるが、エネルギーが不足したら万事休すである。これは物理的な原則で、エネルギーがなければ何も動かない。化石エネルギーがなければ、私たちが知っているグローバル化も、産業・経済活動も終わることになる。

前世紀のあいだ、石油は現代の輸送機関の主たる燃料として不可欠なものとなった。世界貿易や建設、インフラのメンテナンス、鉱山資源の採掘、森林開発、漁業、農業にとってもそうだ。エネルギー密度〔単位体積当たりのエネルギー量〕が並外れて高い石油は、輸送もストックも容易で、使用も簡単。輸送の九五パーセントをまかなっている。

指数関数的な道をたどる社会は、必然的に、エネルギーの生産と消費も同じ道をたどることになる。別の言い方をすれば、私たちの文明を正常な状態で維持するには、たえずエネルギー

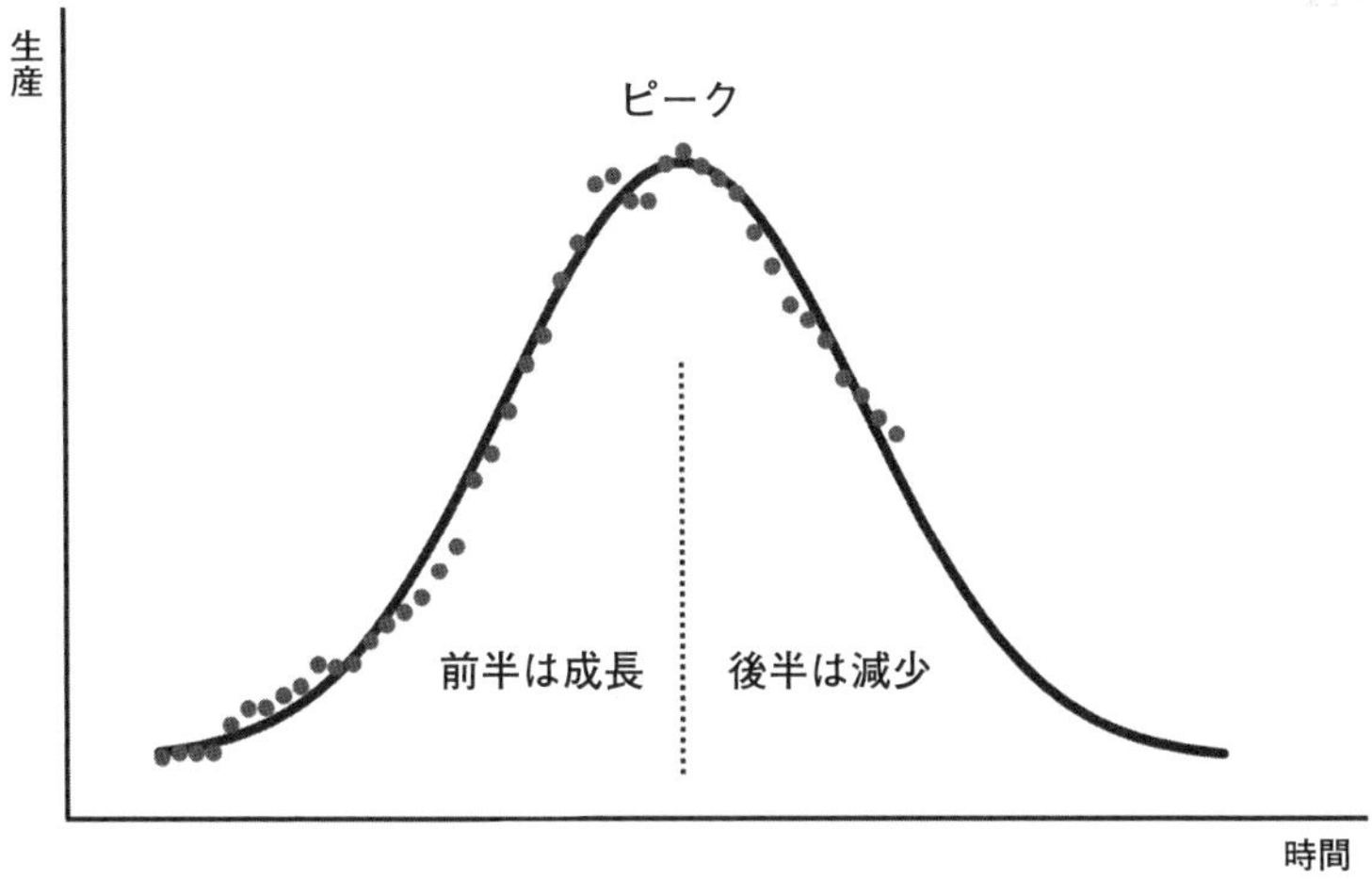

［図３］「ピーク」の概念が提案されたのは1956年、アメリカ人石油地質学者マリオン・キング・ハバート（1903―89）によってで、米国の在来型石油〔従来の油田から採掘される石油〕の生産に対してのものだった。曲線に付随する点線は、2001年にピークを迎えたノルウェーの石油生産を表わしている。
（データの出典：*BP Stat. Review*, 2013）

の消費と生産を「増やして」いかなければならない。ところが、この点で私たちはピークにきているのである。

ピークとは、資源の産出量が天井に達し、以降は容赦なく減少していく瞬間のことである。これは理論上にとどまらず、地質学の原則でもある。最初は、採掘可能な資源へのアクセスは容易で、生産は爆発的に伸びる。しかしその後は停滞し、最後はアクセスが困難な物質だけになって減少に向かう。

図にすると鐘形の曲線（正規分布曲線）になる（図３を参照）。曲線の頂上はピークの瞬間で、資源が枯渇する意味ではないが、終わりの始まりと言える。一般に、この概念は採掘可能な資源、化石燃料や鉱石（リン、ウラン、金属など）に使われるのだが、社会のほかの局面にも適用することができる（誤用も多い）。たとえば人口やGDP（国内総生産）など、資源の採掘と関連の深い範囲においてだ。

ピークでエネルギーは下降する？

ところで私たちは現在、在来型石油生産曲線の頂上に到達している状態だ。石油埋蔵量では楽観的なことで有名な「国際エネルギー機関」でさえ、石油生産の八〇パーセントを占める在来型石油の世界生産のピークは、二〇〇六年に越えたと発表している[22]。以降、私たちは「波状プレート」上におり、そのプレートを過ぎると、石油の世界生産が減少しはじめることになる[23]。より最近の統計によると[24]、世界の石油生産の四分の三以上を産出する、石油生産国の上位二〇カ国の半分は、すでにピークを越えている。そのなかには米国、ロシア、イラン、イラク、ベネズエラ、メキシコ、ノルウェー、アルジェリア、リビアが入っている[25]。ちなみに一九六〇年代は、消費される各一バレル（四二ガロン、約一五九リットル）に対し、企業は六バレルに相当する油田を発見していた。それが現在は、「ますます高性能になった技術で」発見される一バレルに対して、七バレルも消費しているのである。

二〇一二年に発表された科学報告書で[26]、イギリスの研究者が結論づけているのは、「今後二〇三〇年まで、現在の原油生産能力の三分の二以上は代替しなければならないだろう。これはたんに石油の安定的な生産を維持するためだ。長期的に新たな油田の発見が減少していくことを考慮すれば、たとえ（政治的、経済・社会的）条件が有利になったとしても、これは大問題になるだろう」。こうして今後一五年のあいだに、「現状維持のために」企業は、一日六〇〇〇万バレルもの石油を見つけなければならないことになる。これはなんとサウジアラビアの一日の産出量の六倍だ！

埋蔵量についての状況が明確になるにつれ、石油生産の将来に悲観的になる多国籍企業、政府、専門家、国際組織の数がますます増えている。前述の研究の著者たちの結論はこうだ。「在来型石油の世界生産が持続的に減少するのは、予想では二〇三〇年前と思われるが、二〇二〇年以前に始まる重大なリスクも存在する[27]」

同様の確認は、イギリス政府[28]、米軍[29]、ドイツ軍[30]が資金援助した報告書でも共有されている。要するに、石油が容易に入手できた時代は終わり、私たちは新しい時代に入っているという、事実に基づいた合意が生まれているところなのである[31]。

石油をとりまく状況は非常に厳しく、現に多くの企業経営者が警告を発している。イギリスでは、大企業連合のＩＴＰＯＥＳ（ピークオイルとエネルギー・セキュリティに関する英国産業タスクフォース）が、二〇一〇年二月の報告書でこう書いていた。「我々は現在、採掘の最大率に達していることから、（……）石油価格が上昇すると同時に不安定化する世界においては、活動を計画的に行なわなければならない。石油価格の影響は、経済・政治・社会活動を不安定化させる可能性がある[32]」

いっぽう、より楽観的な一部の論客にとっては逆に、「ピーク」は採掘可能な最大量をベースにした評価で、故意に不安をあおるものとなる。それを受け、ある研究グループが楽観論から悲観論まで幅のある論争に注目し、比較検討を行なった。結果、過去一一年間に観察された実際のデータと一致するのは、悲観論と見なされるシナリオだけだった[33]。こうして、在来型石油の世界生産が取り返しのつかない衰退期に入っていることが、研究でも確認されたことになる。

それはそれとして、新しい鉱脈とは何なのだろう？　とくに、非在来型石油と呼ばれる、地中深くの砂とタールのあいだに埋没する重質炭化水素資源や、無機起源の石油とされる地殻の岩石などは何なのか？　また、ブラジルや北極沿岸の深海から採掘する「オフショア」のプラットフォーム〔海底油田などを掘削するための海上構造物〕や、カナダのオイルサンド、またシェールガス・石油は、徐々に在来型原油に取って代わるのだろうか？

それが違うのだ。事実は衝撃的だ。シェールガス・石油に関しては、事実を簡単に述べるだけでも、採掘技術が環境や沿岸住民の健康をおびやかし[34]、微小地震を誘発し[35]、メタン[36]や放射性物質[37]を流出させ、膨大な量のエネルギー[38]（これについては後述する）と砂、淡水[39]を消費し、自由地下水〔地表に最も近い不透水層上にある地下水〕を汚染させる[40]……ことがわかっている。

実際、試掘を行なう企業の収支決算報告書は惨憺《さんたん》たるものだ。米国エネルギー省のレポートによると、米国でシェールガス・石油を開発する企業一二七社を合わせた財務状態は、二〇一三―二〇一四年の会計年度で一〇六〇億ドルもの赤字を計上、[41]各企業は急遽、その赤字を埋め合わせるために新たなクレジットライン（融資限度信用枠）を開設している。しかしそれ以上に、投資家を引きつけ、財政アナリストに肯定的な結果を提示するため、各企業は七三〇億ドルの資産を売却しなければならなかった。結果、債務が爆発的にふくらみ、返済に必要な収入を管理する能力がますます弱くなっている。[42]

いっぽう、イギリス政府が出資した研究ではこう予告している。「シェールガス・石油などの採掘に使われている水圧破砕《はさい》法による資源に多くを依存すると、平均減少率が深刻に高まる傾向がある。なぜなら採掘用の坑井（竪坑）は、高水圧で地下の岩盤に人工的に割れ目を作るだけのもので、劣化がきわめて速く、最初の五年間に九〇パーセントかそれ以上減少するからだ」。[43]ほかの研究では、最初の一年だけで生産が六〇パーセント減少するという数字も提示されている。[44]

こうして、各企業は倒産を避けるため、つねにより多くの坑井を掘り、つねにより多くの債務に手を染めている。すでに開発した坑井の減少率を穴埋めし、同時に、増大する債務を返済するには生産を増やしつづけるしかないからだ。まさに時間との闘いで、結果はすでに述べたとおりだ……。

この小さなバブルを、多くの人は実際に見ていない（あるいは見たくなかった）のだが、米国は非在来型化石エネルギーのおかげで再びエネルギー自給国になると、大々的に吹聴している。[45]いっぽうで、米国の競争力と成長を人為的にかさ上げしようとした中央銀行（連邦準備制度理事会：ＦＲＢ）は、石油関連企業にきわめて低利率での貸付けを認可、これが時限爆弾となっている。利率が少し上がるだけで、弱体企業は倒産の瀬戸際に追い込まれるのである。問題はシェールガスにとってもほとんど同じだ。[46] オバマ政権によると、この物質は二〇一六年にピークに達したあと、数年しかもたないという。[47]

国際エネルギー機関の算定では――非常に楽観的――、カナダやベネズエラのオイルサンドは、二〇三〇年には一日五〇〇万バレルを供給するそうだが、これはその時点での総燃料生産の六パーセント以下だ（展望として）。[48] したがって、「最良のケース」においても、在来型燃料の減少をこの方法で補うのは不可能ということになる。

では北極海はどうなのだろう？　リスクは環境[49]へも投資家[50]へもあまりに大きすぎる。ちなみに、大手「メジャー」企業は「バレル価格が高騰した」というのに、北極海の開発競争からは撤退している。ロイヤル・ダッチ・シェルは二〇一三年に開発を中断、[51] フランス企業トタルも同様の決断をし、そのうえで石油関連企業全体に北極海開発の危険性を警告している。[52]

バイオ燃料はそれ以上に「頼り」にできない。今後一〇年から一五年間に供給される量は、燃料供給全体の五パーセント以上にはならないと予想されており、[53] それとは別に、一部のバイオ燃料は多くの国で食糧の安全保障を危険なほどおびやかしている。[54]

輸送システムを電化すれば石油の代替になると想像するのも、まったく現実的ではない。電力系統や電池、部品は、金属やレアメタル（枯渇する）で作られており、さらに電力システムすべては化石エネルギーを消費している。部品や作業員、資材を輸送するにも、発電所を建設して維持するにも、鉱石を採掘するにもエネルギーが必要だ。石油がなければ、現在の電力システムは、原子力発電も含めて、崩壊するだろう。

事実、石油をほかのよく知られた燃料に代えるなど、想像もできないのである。理由の一つは、天然ガスにも、石炭、薪《まき》、ウランにも、石油ほど輸送が容易で、エネルギーが非常に密という、並外れた長所がないことだ。もう一つは、いずれもあっという間に枯渇するだろうからだ。なぜなら、それぞれのピークが近づいていると同時に、いずれの開発にも必要な機材やインフラの大部分は、石油で機能するからだ。[55]したがって、石油が減少すると、ほかのエネルギーもすべて減少することになる。つまり、在来型石油の減少を補う作業の遂行は規模がきわめて大きく、過小評価すると危険なのである。

しかし、これがすべてではない。主要な鉱石や金属も、エネルギーと同じ道をたどっている。ピークに向かっているのである。[56]最近の研究では、八八種の再生不能資源の希少性と、それらが二〇三〇年前に恒久的な欠乏状態になる可能性があると算定されている。[57]このなかで欠乏の可能性が高いのは、風力発電機の製造に欠かせない銀、一部の光起電力セルになくてはならないインジウム、電池に使われているリチウムなどだ。そして研究の結論はこうだ。「これらの欠乏は、私たちの生活様式に破壊的なインパクトを与えるだろう」。同じ流れで、最近になってリン[58]（農産業に欠かせない肥料）や、漁場、[59]飲料水[60]のピークまで算定されている。

この種のリストはいくらでもあげることができるだろう。鉱石資源の専門家フィリップ・ビウィが著書『ローテクの時代』で述べているように、「我々は、エネルギーか金属資源のどちらかが欠乏してもなんとか許せるだろう。しかしいま直面すべき問題は、この二つがほぼ同時に欠乏していることだ。稀少な金属の採掘に必要なエネルギーはもうなく、アクセスしづらいエネルギーに必要な金属ももうすでにない[61]」。したがって私たちは、脱炭素時代を専門とするアメリカ人ジャーナリスト、リチャード・ハインバークの言う「すべてのピーク」(peak everything)[62]に急速に近づいていることになる。指数関数的増加の驚くべき急上昇を思い出してみよう。いったん結果が目に見えるものになったら、すべてはあと何年か、さらには何カ月の問題になるだけだ。

要するに、産業文明の生命線である、化石エネルギーや物質が入手できなくなる事態が切迫していると予測できる。いまのところ、きたるべき枯渇に対処できる代替案は何もないようだ。大手石油企業が地下資源調査に日々進化する技術を駆使し、膨大な努力を払っているにもかかわらず、生産が低迷しているという事実がまぎれもない証拠である。二〇〇〇年以降、大手企業が承認した投資額は、その前の一〇年間に比べ一〇倍のペースで上昇、年平均一〇・九パーセント増になっている[63]。

同様に、これら大企業が以前は軽視していた、オイルサンドやシェール石油、バイオ燃料、太陽光発電、風力発電などが、現在は真剣に取りざたされているという事実も、時代が変わりつつあることを示している。ピークの時代である。

しかし、いったんピークを越えたら、何が起こるのだろう？　化石エネルギーの生産は段階的に、ゆっくりと減少するのだろうか？　それはありうるが、しかしここで疑問を挟ませてほしい、理由は二つ。最初の理由は、いったん自国の油田がピークを過ぎたら、産油国は国内で増えつづける消費に対処しなければならない。そのとき仮に、生産国が国内の需要に応えるために輸出を止めたら——合法的に——、輸入に頼る大国（先進国）が犠牲になり、買い占めの戦争が勃発して、産油国の生産能力が混乱する可能性がある。いずれにしろ、減少のペースはおそらく予想より速いだろう。

二番目の理由は、次に述べる……。

ピーク時に壁がある

通常、鐘型の正規分布曲線は一方が上昇し終えると、もう一方は下降していくだけだ。この時点では当然、地球の地下には発見済みの石油の半分がまだ残っている。これはまぎれもない事実だ。地下に埋蔵されている——確認済み——化石エネルギーの量はまだきわめて膨大で、仮にシベリアやカナダの永久凍土層が溶解すると開発可能になる、メタンハイドレード（メタン分子が水分子に囲まれた結晶）を考慮すれば、その量はもっと膨大になる。だったら、これはいいニュースではないだろうか？

喜ぶのは早すぎる。まず、気候にとって大惨事になるだろう（次章を参照）。次に、仮に開発したとして、この石油をすべて採掘することなど決してできないだろう。理由は簡単だ。石油の採掘には、エネルギーが必要で、それも多大なエネルギー量だ。地下資源調査、技術面・

採算面の予備調査、機械、坑井、パイプライン、輸送道路、これらインフラすべての維持と安全保障、などだ。

ところで、常識的に考えて、採掘企業としては、採取したエネルギー量のほうが投資したエネルギー量より多いことが望ましい。これは当然だ。もし採取量のほうが投資量より少なければ、掘削しても意味がない。このエネルギー生産と投資の関係は「エネルギー収支比」（ERoEI：Energy Return on Energy Invested）と呼ばれている。

これはきわめて重要なポイントだ。採掘の労力のあと、「余分なエネルギー」があってはじめて文明は発展する。二十世紀初頭、米国の石油の〈ERoEI〉は一〇〇：一（採取エネルギー一〇〇に対して投資エネルギー一）、夢のようだった。掘削はほとんど行なわれず、石油が噴き出していた。それが一九九〇年になると、三五：一（採取三五：投資一）にしかならず、現在は約一一：一だ。[64] ちなみに、在来型石油の世界生産の平均〈ERoEI〉は一〇：一から二〇：一のあいだである。[65] 再び米国の場合、オイルサンドの〈ERoEI〉は二：一と四：一のあいだ、バイオ燃料は一：一と一・一：一のあいだ（ショ糖から作られるエタノールの場合は一〇：一）、原子力は五：一と一五：一のあいだである。[66] また石炭は約五〇：一（中国では二七：一）、シェール石油は約五：一、天然ガスは約一〇：一だ。[67]

これらの〈ERoEI〉すべてが低下しているだけでなく、低下が「加速」している。というのも、生産レベルを維持するために、つねにより深く掘削し、オフショアはつねにより遠洋へ、そしてよりコストのかかる技術やインフラを使わなければならないからだ。たとえば、老朽化した油田の回復に、何千トンもの二酸化炭素や水を注入する〔石油増進回収法〕のに必要なエネルギー、あるいはシベリアの奥地の油田にたどり着くために必要な何キロメートルもの道路建設……などを考えてほしいのだ。

〈ERoEI〉の概念は化石エネルギー以外にも適用される。たとえば、風力でエネルギーを得るには、まず、建設に必要な素材を集めるためにエネルギーを使わなければならない。それから実際に建設し、設置して維持するのにもエネルギーが必要だ。ちなみに米国では、集光型太陽光発電（砂漠に巨大な鏡を設置）のエネルギー収支比はおよそ一・六：一、スペインの太陽光発電はおよそ二・五：一だ。[68] 風力発電はといえば、一見するとほかより有望で約一八：一だ。[69] しかし、この数字には残念ながら、風力エネルギーの特徴として供給が不規則であることや、貯蔵システムあるいは火力発電所の併設が必要なことが考慮されていない。それを考慮すると、風力発電の〈ERoEI〉は三・八：一に下がるだろう。[70]

そのなかで唯一、十分な収支比を算出しているのが水力発電で、三五：一と四九：一のあいだである。しかし、水力発電は自然環境に深刻な影響を及ぼすのに加え、[71] 最近の研究で明らかになったのは、世界で建設中あるいは計画中の三七〇〇件のプロジェクトが完成して稼働しても、世界の電力生産の二パーセントしか上乗せできない（一六パーセントから一八パーセントに）ということだった。[72]

要するに、再生可能エネルギーには化石エネルギーの減少を埋め合わせるほどの力がなく、化石エネルギーの減少を補うために再生可能エネルギーを大量に開発しようにも、そのために必要な化石エネルギー（と鉱石）も十分にはないということだ。つまり、エネルギー経済の専門家でアクチュアリー〔リスクや不確実性の分析・評価の専門職〕のゲイル・トヴェルバーグが言うように、「再生可能資源は我々を救うと言われているが、しかしそれは嘘だ。風力も太陽光発電も、ほかのすべての電力源と同じく、化石エネルギーを基盤にしたシステムの一部であることに変わりはない[73]」

問題は、私たちの現代社会が現在のような住民へのサービス全体を供給するためには、最低限の〈ＥＲｏＥＩ〉が必要になることだ[74]。エネルギー開発の原則は、大ざっぱにいって以下のようになる。私たちが自由に使える余分なエネルギーはまず、私たちの生き残りに必要不可欠な仕事にまわされる。食糧生産、住居の建設とその暖房、衣類の縫製、あるいは都市の衛生システムなどだ。次いで残ったエネルギーは、司法システム、国の安全保障、防衛、社会保障、保健、教育などの活動に分配され、最後に、もしまだ余分なエネルギーが残っていたら、娯楽（観光、映画など）に使われる、という具合だ。

現在、これらサービス全体を供給するための最低限〈ＥＲｏＥＩ〉は、一二：一から一三：一の変動幅に算定されている[75]。別の言い方をすると、この閾《いき》より低くなれば、リスクを冒してはいけないということだ。さもなければ、サービスで維持すべきものと破棄すべきものを、制度として集団的に決めなければならなくなる――それにともなうあらゆる困難とともに[76]。化石エネルギーの平均〈ＥＲｏＥＩ〉が下降線をたどり、大半の再生可能エネルギーの〈ＥＲｏＥＩ〉が一二：一以下だとしたら、私たちは危険なやり方でこの閾に近づいていることになる。

もちろん、これらの数字の変動幅には議論の余地があり、一部は異論があって当然のものもあるが、しかし全体的な原則はうなずけるものだ。ここで理解しておくべき考えは、私たちの前には熱力学の壁が迫っており、それが「ますます速く」近づいているということだ。現在、どのエネルギー源をみても、採掘にかかるコストは環境的、経済的、エネルギー的につねにより高くなっている。

いっぽう、経済的な指標もまた、この壁の存在を明らかにしている。二つの研究グループが最近、それぞれ違った方法で〈ＥＲｏＥＩ〉と生産コスト（バレル当たりの価格で）の複雑な関係をモデル化した。[77] 結論はまったく同じ。化石燃料の〈ＥＲｏＥＩ〉が一〇：一の線を下回ると、価格は非線形、つまり指数関数的に上昇するのである（次ページ図４を参照）。この生産コストの急激な上昇傾向は、ガスや石炭、ウランでも同様にみられ、再生可能エネルギーの生産に欠かせない金属や鉱石でも確認できる。[78]

第二次世界大戦後、好景気に沸いた栄光の三〇年の三分の二は、化石エネルギーによるものである——残りは労働生産と投資。[79] しかしこの図から推論できるのは、化石エネルギーの〈ＥＲｏＥＩ〉が容赦なく下降線をたどると、経済の大失速を招き、将来的に成長を維持するのは不可能になるということだ。[80] 別の言い方をすると、エネルギー源の減少は、まさに世界の経済成長の決定的な終わりを予告しているのである。

［図４］の曲線を見て納得するのは、再び車に例えると、まさに壁にぶつかるということだ。それも乗り越えられない壁だ。というのもこの壁は、熱力学の法則にのっとって建てられてい

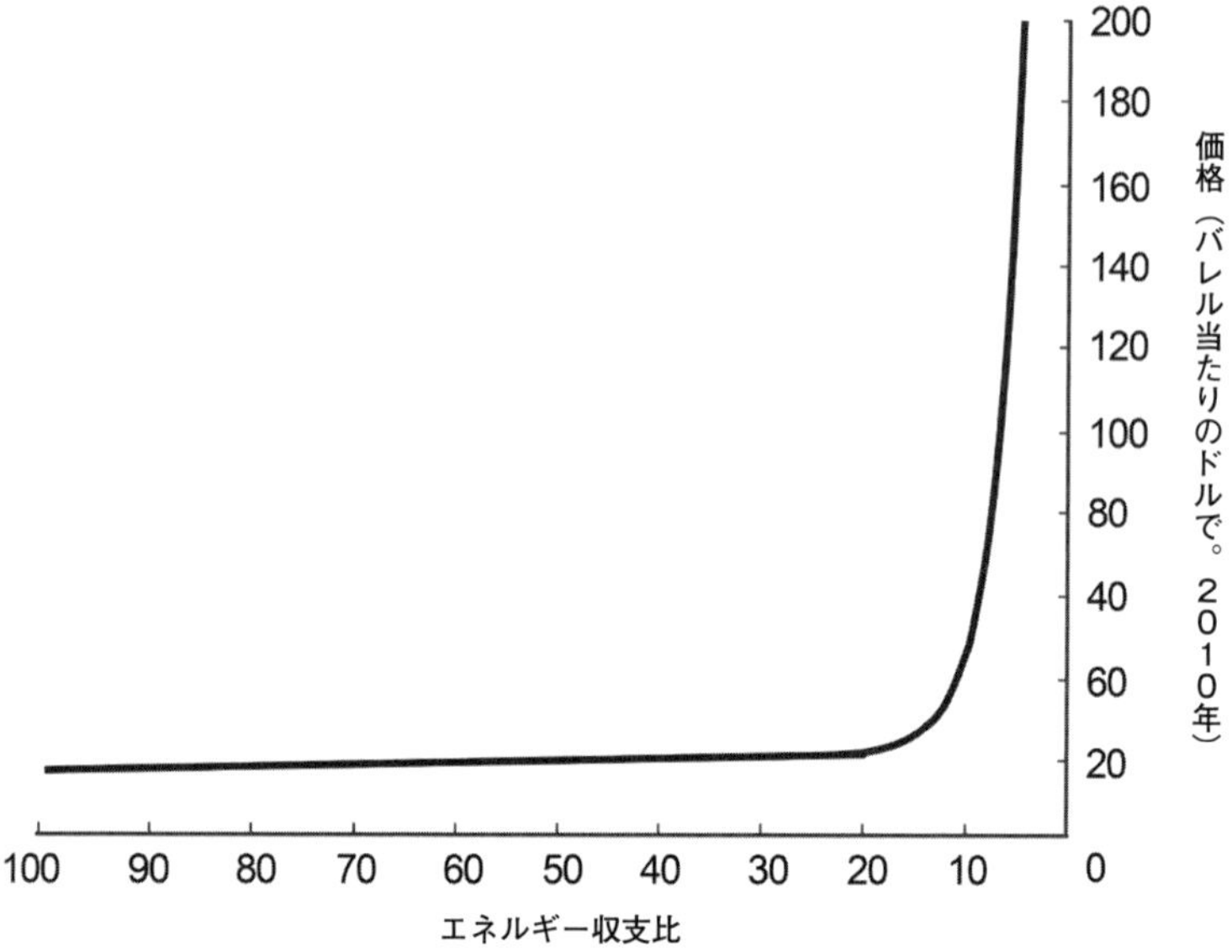

［図４］〈ERoEI〉に応じて変わる石油のバレル価格のモデル化（歴史的に観察された相関関係を参考に）
（出典：M. K. Heun et M. De Wit, « Energy return on (energy) invested (EROI), oil prices, and energy transitions », *Energy Policy*, vol. 40, 2012, p. 147-158.）

るからだ。

壁の前に……深淵が

　このような条件では、私たちの文明が将来再び豊かになり、少なくとも継続していくとは、とても予想できない。しかし、驚かれるかもしれないが、私たちのエンジンにとって最も切迫した脅威は、エネルギーの欠乏ではない。その前に、エンジンを息切れさせそうな別の要因がある。金融システムだ。

　現実問題として、エネルギーと金融システムは密接に結びついており、いっぽうがなければいっぽうは機能しない。二つで一つの流通のパイプ役、エネルギー＝金融軸を形成し、私たちの産業文明の中心となっている。この関係は、ＧＤＰと石油生産のグラフの密接な相関関係を観察することで確認できる（次ページ図5を参照）。

景気後退は石油価格の高騰と消費の落ち込みを意味し、成長期は逆に、石油価格の低下と力強い消費となって表われる。このメカニズムはたんなる相関関係ではなく、むしろ因果関係といえる。二十世紀のあいだに起きた一一回の後退期を歴史的に分析した研究で明らかになったのは、一〇回はその前に石油価格が急激に高騰していたことだった[81]（五七ページ図6を参照）。言いかえると、エネルギー危機が深刻な経済危機に先行するのである。これが一九七〇年代の石油ショックと、二〇〇八年の経済危機である。

経済問題を考えるのに、その大元《おおもと》であるエネルギー問題を無視するのは大きな間違いだ。その逆もしかり。このエネルギー＝金融軸の分析においての第一人者、先のゲイル・トヴェルバーグの見方はこうだ。ピーク時に、化石エネルギーを相当量採掘するには、つねに債務を相当量増やしていかなければ不可能な状況になっており、結果として「私たちがいま直面している問題は、いったん資源価格が過剰に高騰すると、債務をベースにしたシステムはもう機能しなくなるということだ。債務をベースにした新しい金融システムは、以前ほどうまく機能しないだろう[82]」

債務を債務で返済して機能する債務システムは、過食症のように成長、つまりエネルギーを必要としている。しかし逆もまたしかりで、私たちのエネルギー体系は債務を「注入」するこ

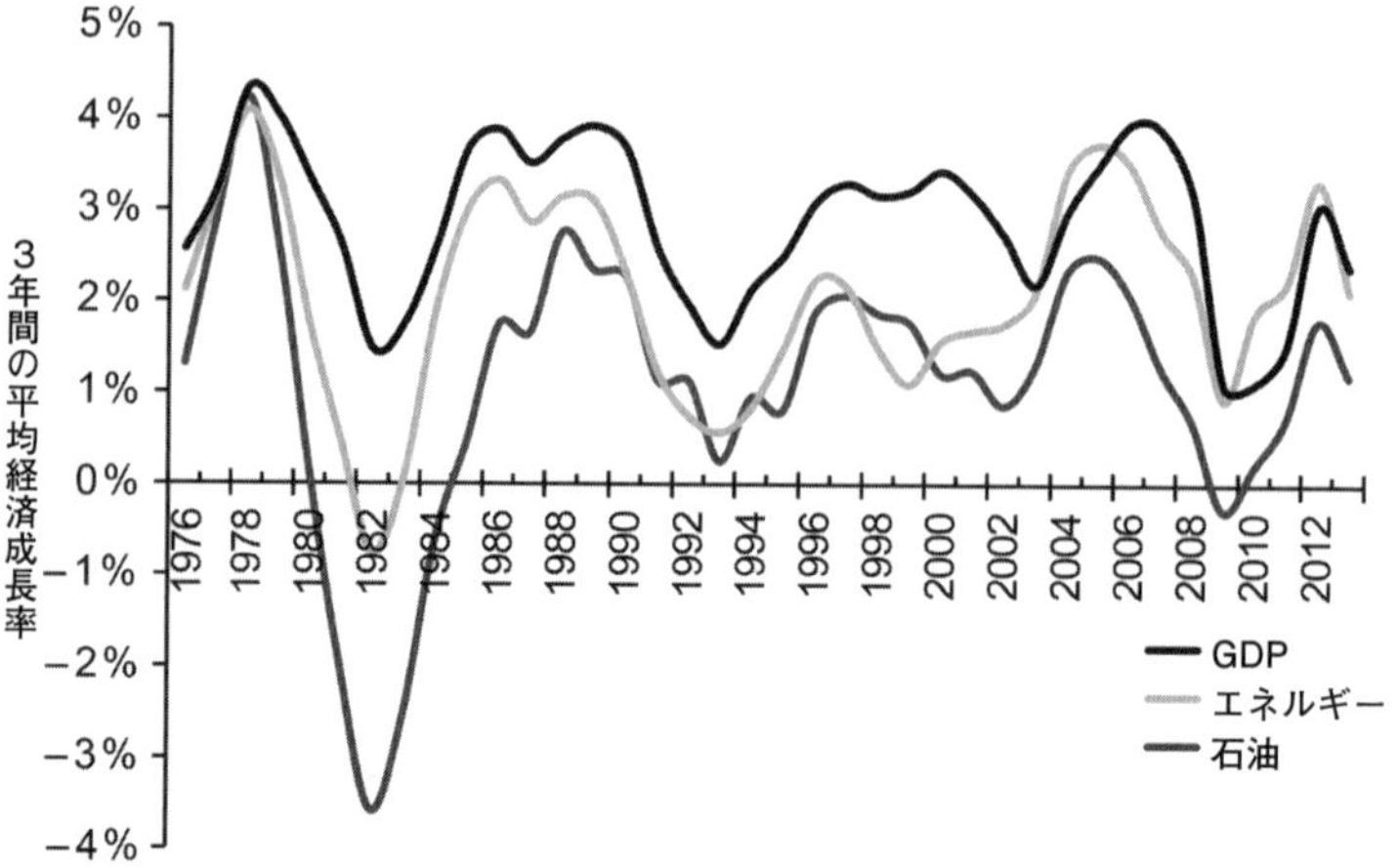

データ：BP〔イギリスのエネルギー関連多国籍企業〕、2014年／米国農務省、2013年

［図５］**石油とエネルギー、世界のGDPの成長率**
（出典：G. E. Tverberg, « Energy and the Economy – Twelve Basic Principles », *Our Finite World*, 14 août 2014.）

とで持っている。こうして、流通のパイプ役は二方向に推移する。石油生産の減少は経済を後退させ、逆に、経済の後退はエネルギー生産の減少を加速させるのだ[83]。より正確にいうと、世界の経済システムは現在、石油価格の高騰と下落の挟み撃ちにあっているのである。しかし、この二つの両極端は表裏一体だ。

石油価格が高騰すると、消費者は支出を抑えるようになり、これが景気の後退を誘発する（その後、原油価格は下落する）。それに対し、価格の高騰は石油関連企業にとってはこれ以上ないニュースとなり、採掘技術が発達した資源調査に投資できる。それによっていずれは生産を維持でき、あるいは代替エネルギーを発展させることがで

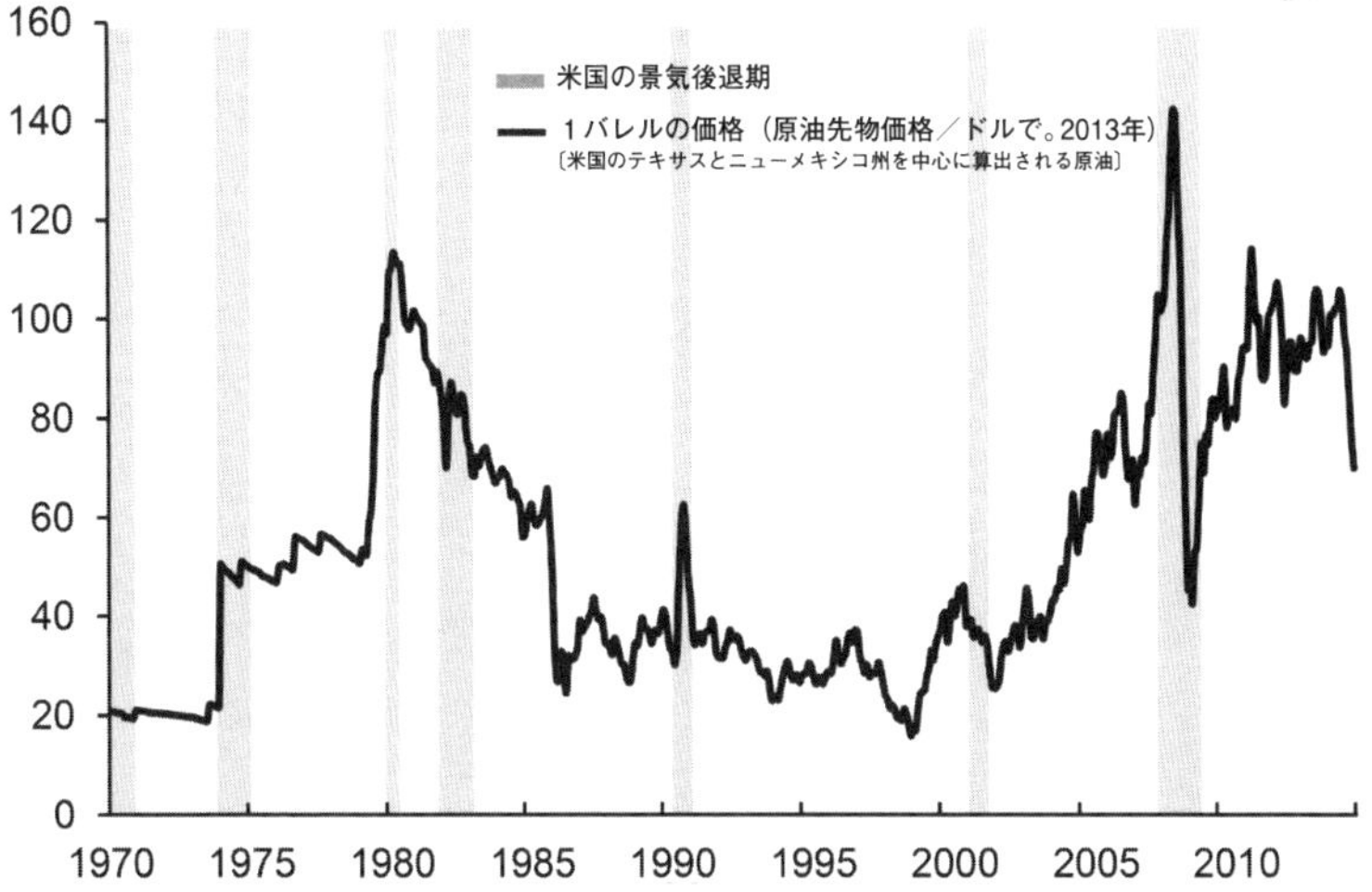

［図6］**石油の1バレルの価格と景気後退期**
（出典：J. D. Hamilton, « Causes and Consequences of the Oil Shock of 2007-08 », National Bureau of Economic Research, 2009）

きるのだ。

いっぽう、エネルギー価格が下落すると（たとえば景気後退のあとか、地政学的な情報操作のあと）、経済成長は再び上昇に向かい、しかし石油関連企業は深刻な財政不安に陥って、投資を抑え（最近の石油相場が下落したあとに見られた[84]）、将来的な生産にも危険な影を落とす。

こうして国際エネルギー機関の二〇一四年度の報告書では[85]、老朽化した天然資源鉱脈の衰退を埋め合わせるために必要な努力は、「バレル価格が八〇ドルまで下落した現在、永続させるのがよけいに困難に見える、（……）とくにサンドオイルや、ブラジル沖の深海の掘削がそうだ」と認めている。同機関のチーフ・エコノミストで、楽観的なファティ・ビロルでさえこう指摘する。「石油の世界生産量の長期的な見通しに暗雲が立ちはじめている。この雲行きは私たちの目前で荒れ模様になる可能性がある[86]」

世界の金融システムの脆弱性については、あえて証明するまでもないだろう。このシステムは債権や社債など複雑なネットワークで成り立っており、銀行や投機財団、保険業者など、無数の中間業者の決算がからんでいる。二〇〇八年、リーマン・ブラザーズの倒産とその後の事態で明らかになったように、これらの相互依存関係は連鎖反応の起きやすい環境を生みだした[87]（5章を参照）。

さらに、世界の政治や金融を牛耳るオリガーキー〔一握りの支配者〕は、本当は危うい症状を理解していても表立っては言及せず、不適切な決断ばかりして、これがさらに経済システムを弱体化させている。したがって、石油生産の未来を限定する要因で最も緊急なのは、多くの人が考えるような残りの埋蔵量でも、エネルギー収支比でもなく、じつは「相互に連結する経済システムがいつまで持つかの時間[88]」なのである。

結局、私たちの経済が宣告されているのは、バレル価格が約八〇から一三〇ドルのあいだで揺れ動く（しかも「一進一退」）、束の間の均衡をなんとか保持し、不安定の極致に達した金融システムが崩壊しないのを祈ることなのだ。事実、経済成長が低調か後退している時期は、石油関連企業の信用貸付額や投資が減少し、採掘の物理的限度に達する前にエンジンが止まってしまうこともありうる。

経済が機能しなければ、容易に入手できるエネルギーはもうなくなる。そしてエネルギーが入手できなければ、私たちが知っている経済は終わりになるのである。高速の輸送機関、遠距離までスムーズに行き渡る供給チェーン、農産業、汚染水の処理、インターネット……などだ。ところで、歴史が示しているように、胃が空腹で悲鳴を上げはじめると、社会は一挙に不安定化する。二〇〇八年の経済危機で、食糧価格が目に見えて高騰したとき、三五カ国以上で飢餓による暴動が発生した[89]……。

イギリス政府のエネルギー部門顧問で元石油地質学者のジェレミー・レゲットは近刊書で、エネルギーと直接結びつく世界システムで、世界経済の安定をおびやかしているリスクを五つあげている。石油の枯渇、炭素の排出、化石エネルギーとシェールガスの埋蔵量の経済的価値、そして金融部門だ。「これら一つの影響だけでも、津波のような経済的、社会的問題を引き起こす可能性があるだろう。そしてもちろん、どんな経済の法則にも、ショックが同時に一分野だけで起こるとは明記されていない[90]」

したがって、私たちが生きているのはおそらく、産業文明のエンジンがエンストする前の、最後に咳き込んでいるときなのである。

3章

道路の出口——乗り越えられる境界

物理的に乗り越えられない限界——経済システムの限りない成長を妨げる——に加えて、目に見えず、漠然として、予測が難しい「境界」がある。境界とは、そこを越えると、私たちが依存しているシステムが変調をきたす閾《いき》で、気候やエコシステム、地球の生物地球化学的循環などがそうだ。越えるのは可能でも、結果は破壊的だ。したがって本章では、壁の例えではあまり役に立たない。そこで安全地帯を外れ、予測できない障壁に出合う可能性のある「オフロード」を走る車で表わすことにしよう。

じつは私たちは、これら「境界」を越えた結果については、まだよくわかっていない。勢いよく走る車をストップさせる限界と違って、境界は私たちが大惨事を引き起こすのを止めてくれず、私たちは自由に、自分たちの責任で選択することになる。「義務づけられている」のは、私たちの倫理観と、大惨事を予測する能力だけ。つまり、人はゼロからエネルギーを生み出すことはできないが、平均気温が四度上昇した気候で生きる（現在の状況）選択はできるというわけだ。ただし、責任ある選択をするには、その行動にともなう結果を知る能力がなければならない。ところが、結果を思い知らされるのは往々にしてこれらの閾を過ぎたあと、遅すぎることが多いのである。

温暖化と冷や汗

これら目に見えない境界で最も知られているのは気候で、年とともに特別な立場を得てきた。事実、一部の専門家によると、気候温暖化は〝それだけで〟急激な地球的規模の大惨事を引き起こし、文明どころか、人類まで消滅するおそれがあるという。

二〇一四年初頭、私たちはある科学報告書から多くの確信を得た。このとき発表されたIPCC（気候変動に関する政府間パネル）の第五次評価報告書の内容は、もはや断定的で、人的活動が排出する温室効果ガスで気候は確実に温暖化していた。[91] 地球の平均気温は一八八〇年から〇・八五℃上昇し、この傾向はここ六〇年で加速していた。この最新報告書は、その前の報告書が最も危惧すべきとした予測が、現実に「既定路線」となっていることを確認している。[92]

つまり私たちは、二〇五〇年に平均気温が二℃上昇するのを回避する必要条件から外れており、二一〇〇年までに一九八六―二〇〇五年期から平均四・八℃の上昇に達するかもしれないのである。ちなみに、IPCCの地球の気温に関する当初の展望は、これまでのところ驚くほど正確だったことを指摘しておこう。[93]

大惨事に関係するのは未来の世代だけではない、現世代もかかわっている。温暖化では〝すでに〝かつてないほどの長期的で厳しい熱波や、想定外の非常事態（暴風雨、ハリケーン、洪水、干魃《かんばつ》など）が起きており、ここ一〇年間で多大な被害をもたらしている。[94] たとえば、二〇〇三年にヨーロッパを襲った熱波（これにより七万人の死者と、[95] 農業分野では一三〇億ドルの損害[96]）や、最近ではロシア、オーストラリア、米国の例がある。[97] 二〇一〇年、ロシアを襲った干魃では、農業生産の二五パーセントと、経済では一五〇億ドル（ＧＤＰの一パーセント）を損失、政府はこの年、輸出を諦める事態に陥った。[98]

〝すでに〟確認されているのは、人口過密地帯での水不足、[99] 経済的損失、社会的混乱や政治不安、[100] 感染症の蔓延、[101] 略奪者や有害動物の拡大、[102] 多くの生物種の絶滅（次の項目を参照）、特有なエコシステムにおいて深刻で取り返しのつかない被害、[103] 北極の氷や氷河の溶解、[104] 同じく農産物の収穫高の減少……などである。これが現在だ。

カナダ出身の軍事評論家グウィン・ダイヤーは著書『地球温暖化戦争』で、地球の平均気温が何度か上昇したときの地政学的結果に言及している。米国の元軍高官らによって作成された報告書や、多くの専門家のインタビューを検討しながら、グウィン・ダイヤーが言及するシナリオは、すでに破壊的な平均二℃上昇の世界から、「無に帰す」九℃上昇のシナリオにまで及んでいる。

平均気温が二℃上昇する世界では、「紛争のリスクは多大になるだろう。たとえばインドはすでに、海抜の低い地域に海水が浸入したら多くの難民が発生すると予想される、隣国バングラデシュとの国境三〇〇〇メートルにわたり、二メートル半の高さのバリアの建設に着手した[105]」。

世界のほかの地域でも、広域にわたる干魃、繰り返し襲来するハリケーン、避難する人々の移動などで、豊かな国と貧困国の国境では緊張が高まるだろう。先進国の農業は深刻な打撃を受けて不安定化、インド洋のいくつかの島は海面の上昇で無人になるだろう。

これは平均気温が二℃上昇した世界の概要だが、私たちには他人事のようで話についていけないところがある。というのも、喫緊の問題ではないからだ。ところが事実として、『地球温暖化戦争』は二〇〇八年以前の報告書、とくに二〇〇七年のＩＰＣＣ第四次評価報告書に基づいており、それ自体、二〇〇二年以前に発表された科学的な研究をまとめたものだ……。

二〇一二年十一月、世界銀行はポツダム大学の気候学者チームに依頼したある報告書(106)を発表した。内容は、平均気温が四℃上昇したら、私たちの社会と地球上の生命にどんな影響を与えるかというものだ。平均気温が四℃上昇するということは、大陸部では一〇℃まで上昇することを意味する（たとえば、南フランスの夏の平均気温が八℃上昇すると想像しなければならない）。

それによると二一〇〇年には、海面は約一メートル上昇し（これはＩＰＣＣの最新報告書で確認されている）、モザンビークやマダガスカル、メキシコ、ベネズエラ、インド、バングラデシュ、インドネシア、フィリピン、ベトナムの大都市は海水に浸るおそれがあり、おもなデルタ地帯では農作業が不可能になる（バングラデシュ、エジプト、ベトナム、西アフリカ）。報告書の内容は衝撃的で、とりわけ破壊的な影響が、私たちの文明が正常に維持されるのをおびやかしているのは明らかだ。

事実、産業革命以前のヨーロッパが体験した、経済的・人口的に深刻な危機は、すべて気候の乱調に結びついている。二〇一一年に発表された研究はさらに過去へさかのぼり、一五〇〇年から一八〇〇年のあいだに次々と発生した気候変動と、農業、社会・経済、人口に関する大惨事の因果関係を分析している[107]（次ページ図7を参照）。それによると、仮に〝直接的〟な原因が経済の後退で社会が深刻な危機に陥り、それが引き金となって人口が減少したとしても、気候はつねに第一の原因だったことが確認できる。そしてこの過程の中心には、つねに食糧危機がある。

私たちは現在、気候温暖化が、深刻な水不足と農業収穫量低下問題の原因で、今後もその傾向が続くことを知っている（この二つは必ずしも結びついていない）。たとえば平均気温が二℃上昇すると、深刻な水不足に直面する人口は一五パーセント増加すると言われている[108]。いっぽう、トウモロコシと小麦の世界生産量は一九八〇年以降、気候変動のないシミュレーションと比べて、それぞれ三・八パーセントと五・五パーセント減少している[109]。全体として、小麦生産量はここ二〇年、技術がめざましく進化したにもかかわらず、停滞する傾向にある[110]。

将来的には北ヨーロッパやロシア、カナダでは降雨量が著しく増え、冬も暖冬になって[111]、収穫量と新たな耕地が増えることが予想される。しかし、それと同じほど洪水のリスクも高まるだろう[112]。

反対にほかの地域では、水不足や極端な異常気象（熱さ、干魃、暴風雨など）の頻度が高まることで[113]、全体の農業生産高は減少すると研究者は予測している。

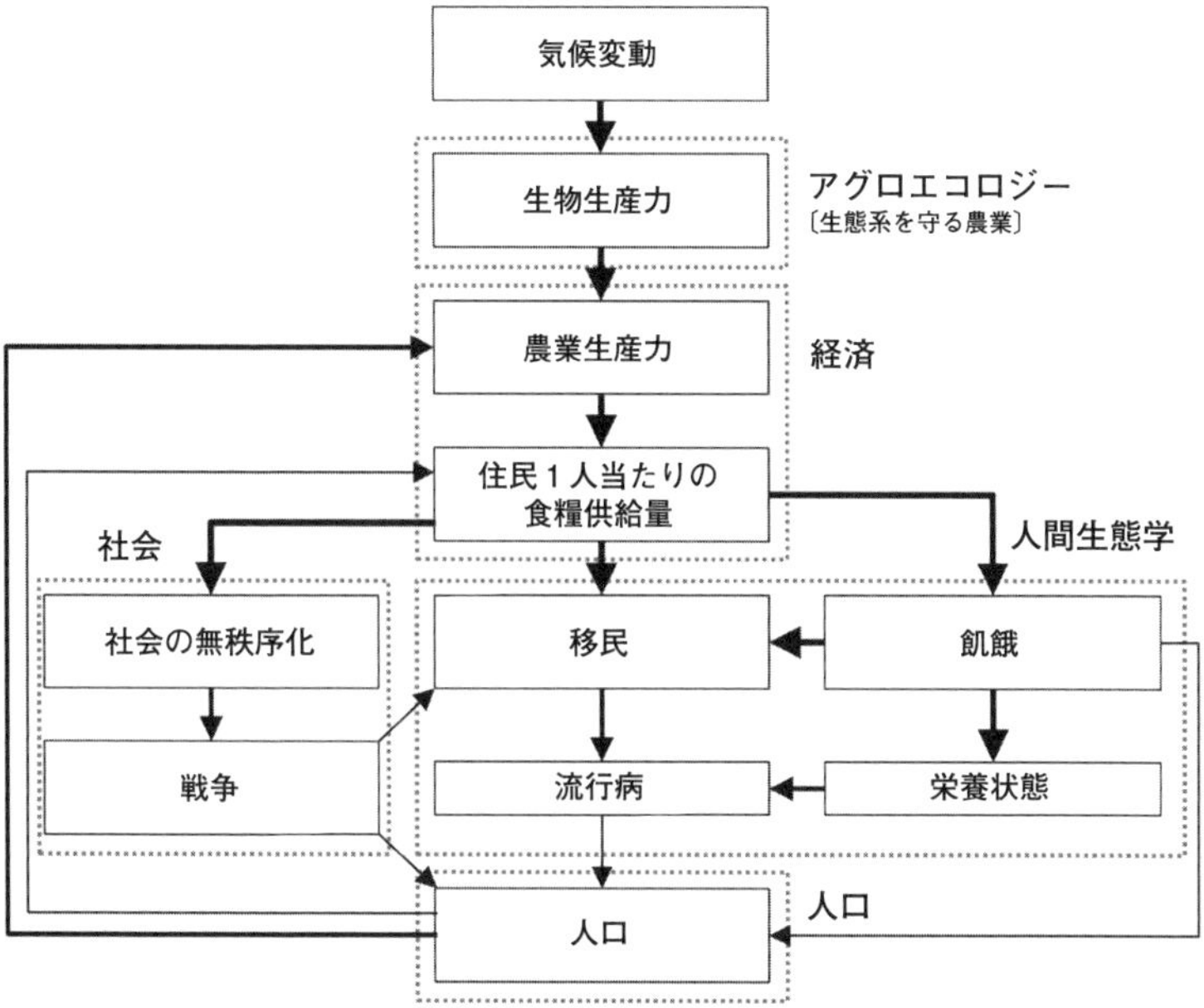

［図７］**産業革命以前のヨーロッパでの気候変動と人類の一大危機の因果関係。矢印の太さは相関関係の強さを示す。**
（出典：D. D. Zhang *et al.*, « The causality analysis of climate change and large-scale human crisis », *PNAS*, vol. 108, n°　42, 2011, p. 17296-17301.）

ちなみに平均気温が二℃上昇すると、インドの農業生産は二五パーセント減少し、かつてない飢餓を引き起こすと言われている。「しかしこれは、バングラデシュの運命とは比べものにならない。そこは海面の上昇で、南部の三分の一——そこに六〇〇万人が住む——が文字どおり海水に埋没するからだ[114]」。もしバングラデシュの人々がこのことに気づき、「気候による集団虐殺」（バングラデシュ人気候学者アティック・ラーマンの表現）の責任者を探す決断をしたら、「彼らの苦しみはとてつもないものになるだろう[115]」。ダイヤーは冷徹な現実主義的視点で、二〇三六年、インドとパキスタンにこの種の紛争が起き、続いて核戦争が勃発すると書いている……。

いっぽう、地政学的な緊張は、増えつづける気候難民によって激化するだろう[116]。とくに中米では、干魃が普通の状態になり、数百万人の難民が米国との国境——ますます通過しにくくなる——でひしめき合うだろう。同様の社会的、人類的大惨事は、アフリカや中近東からの難民が大量に押し寄せる南ヨーロッパでも起こるだろう。

干魃が増えればまた、水源が必要な火力発電や原子力発電の電力生産量が急落し[117]、とくに都市部の住民は気候温暖化に対応して生き延びる能力がそがれるだろう。

気候変動によるリスクで最も大きいものの一つは、格差が大きくなることだ（8章を参照）。米国のアル・ゴア元副大統領の国家安全保障問題担当補佐官で、レポート「影響の時代[118]」の共著者レオン・フォースが強調するように、最も豊かな国々でさえ、「長期的で悪夢の決断となる節約はしないだろう。制御不能になった環境に呑み込まれる状況から、誰が救われるべきかを決めなければならないだろう」。最貧困層の運命はといえば「私たちはすでにその概要を見た。二〇〇五年にハリケーン・カトリーナが襲来したとき、政府は組織立った援助政策を早々に投げ出し、取り残された黒人の貧困層の多くが犠牲になった……」[119]

二〇一五年現在、私たちは気候に関して世界的な合意に至る理想的な状況にいる。というのも、冷戦が終結して以降、世界の強大国は戦争の脅威を感じていないからだ。しかし「世界的な温暖化による食糧不足が感じられるようになればなるほど、国際合意の締結はなんであれ難しくなるだろう」[120]

ＩＰＣＣの最新報告書は「食糧供給システムが破綻する」可能性を明確に指摘し、それによって、すでに存在している貧困と飢餓（とくに都市部で）の状況が深刻化、「内戦や集団同士の暴動の形で、武力紛争のリスク」が増えるだろうと明記している。

しかし、この発信力の強い報告書にも問題がある。それは数多くある気候のフィードバックの輪〔ある反応や系が原因となって生じた事象が、もとの反応や系に影響をもたらすこと〕による影響の拡大が考慮されていない点だ。たとえば、永久凍土層の融解によって大量のメタンガス〔温室効果ガスの一つ〕が放出される（ここから、異なる視点の楽観的な報告書〔メタンガスをエネルギー源にするなど〕がいくつも発表されている）のもそうだ。

ところでこのフィードバックの輪は、平均気温が三℃または四℃上昇すると発生する可能性がある。したがって、気温がそれ以上に上昇したらどうなるのか、正確に描くのはきわめて難しくなる。それでも専門家のシナリオは、一挙に破壊的大惨事になる点で、全体的に一致している。
ちなみに一億年前、空気中に含まれる二酸化炭素量が今世紀末に到達するレベルだったとき、地球の平均気温は現在より一六℃も高かった。[121] そんな事実を知ると、今後「予測できる」変化の大きさがわかろうというものだ。逆に、一万年前の最終氷河期は平均気温が五℃低く、海水面は現在より一二〇メートル低下、厚さ一〇〇〇メートルの氷の層が北ヨーロッパをおおっていた。

イギリスの科学者ジェームズ・ラブロックによると、空中の二酸化炭素含有量が五〇〇ppm〔一〇〇万分の一の率〕かそれ以上になると（私たちは二〇一三年五月に四〇〇ppmに達した）、地上の大部分は砂漠と熱帯低木林に変わり、残るのは北極圏とグリーンランドの数百万人の文明だけになるという。

地球はかつてこのような急激な気温の上昇からは回復していた（……）、他方、もし私たちがこのままの活動を続行すれば、私たち人類はもはや一世紀前のような緑の世界を知ることは永遠になくなるだろう。この文明は最大の危険を冒している。人類には十分な抵抗力があり、環境に適応して生殖するカップルは生き残る、そして、（……）熱波にもかかわらず、地球上には私たちの規準に見合う場所がまだあるだろう。それは始新世《ししんせい》〔約五六〇〇万年前から約三三九〇万年前までの期間〕から生き残った植物や動物が証明している。（……）いずれにしろ、仮に大変動が起きたら、地球上の数十億人のうち、生き残れる人口はわずかになるはずだ。[122]

このようなシナリオに不安を抱いたダイヤーが、何人かの気候学者にその可能性を聞いたところ、ほとんど全員が「極端なシナリオとは思っていなかった」

もし私たちが、気候に関して国際的な合意を得られず、このままさらに何年間か化石燃料を燃やしつづけていたら、シナリオのようなことが起きるのだ。忘れてならないのは、温室効果ガスの排出を「即、全面的に止めたとしても」、気候の温暖化はその後何十年も続くことである。したがって、気候が完新世《かんしんせい》〔約一万年前から現在まで〕の産業革命以前の安定した条件に戻るには数世紀、さらには何千年もかかると想定しなければならないだろう。

仮に、魔法でも使って、私たちが残りの化石エネルギーをすべて採掘して使い果たしたら――確認されている埋蔵量は膨大――、問題はこれまで述べてきた以上に深刻になるだろう。これがIPCCの最新報告書での最悪のシナリオで、二三〇〇年には平均気温が八℃から一二℃まで上昇すると指摘している。

しかし二〇一三年、アメリカの著名な気候学者ジェームズ・ハンセンと研究チームが、一つのシナリオの軌道を計算したところ、現在のペースでは、一世紀も経たないうちに、確認された埋蔵量の三分の一を使い果たすということだった。その場合、地球の平均気温は一六℃、つまり極地では三〇℃、大陸部では二〇℃上昇することになる。[123] この気温になると、世界は大半の生物にとって棲める状況ではなくなり、人間の発汗でさえ体温を三七℃に維持するには不十分になるだろう。

しかし安心していい。前の章で述べたように、私たちは石油をすべて使い果たすには至らないだろうからだ……。

実際、このシナリオには現実性がない。というのもそれよりずっと前に、過去にすでにあったように、海流の循環が変化して、深海部が無酸素（酸素の欠乏）になるリスクがあるからだ。そしてもし、無酸素層が太陽光の届く海面に達したら、そこに嫌気性光合成細菌（酸素のない太陽光の届く範囲に集まる）が繁殖し、有毒な硫化水素が発生することになる。オゾン層を破壊し、空気を呼吸できなくするので有名なガスだ。このような無酸素で硫化物の多い海は「カンフィールド・オーシャン」（地球化学者ドナルド・カンフィールドの名前から）と呼ばれ、地球史では原生代中期にすでに存在したのだが、おもな海洋生物と陸上生物を絶滅させることになる。

これはいまのところ一つの仮説でしかないが、それでも一部の科学者は真剣にとらえている。NASA（アメリカ航空宇宙局）のチーフ・サイエンティストであるデニス・ブッシュネルによると、二一〇〇年になる前にも起こりうる可能性がある……。

これらの事実、数字、仮説、展望、そして私たちが想像できることをすべて合わせると、英国南極研究所の元所長、クリス・ラプレイが名づける「気候の怪物」のポートレイトができあがる。

地球最後の動物を殺すのは誰か？

誇張はいっさいしないつもりだ。しかしここ数年、人類はほかの生物を絶滅させる能力に秀でていたことを、認めざるをえない。それほど「生物多様性の損失」は無視できない現象になっている。それが意味するのは、相互関係にある何十億という植物、動物、キノコ類、微生物が生息する土地の多くが破壊され、これらの生物が完全に消滅することだ。ところで私たち人類は、生き残りのために、これらの生物に依存している。私たちはそれらの生物と相互関係にあり、「相互関係はそれらの生物のあいだにもある」

もちろん、種の絶滅は自然現象で、新種の出現もそうだ。問題はしかし、絶滅の確率が急激に高まったことだ。最近の概算では現在、化石時代の地質学的な絶滅の平均の少なくとも一〇〇〇倍以上[124]、しかもそれがコンスタントに高い数値で増加している。最近の絶滅種一覧表によると、生物多様性の状況は悪化の一途をたどっている[125]。私たちが保護や保全に取り組み、努力を〝重ねている〟にもかかわらずだ[126]。人間がほかの生物の保護のために、どんなに努力しても、この問題にはまったく対処できないということだ[127]。

この状況に、さらに一抹の不安材料を与えたのが、つい最近発表された一連の気がかりな研究で、「生態の相互関係」が消滅している現象を明らかにしたものだ。事実、ある一つの種が死滅すると、一般には、人知れず周囲の仲間も運び去る。絶滅は衝撃波のように背景の食体系を通して広がっていくのである。種の捕食者と餌食《えじき》に波及して「危険」にし（垂直関係）、間接的につながりのあるほかの種をも混乱におとしいれる（水平関係[128]）。たとえばラッコが絶滅すると、その餌であるウニが繁殖し、海底は荒れ果てて、その余波でほかの食体系や捕食者が混乱に陥る……といった具合だ。

たんに捕食の上下関係だけではない生物界では、衝撃波はまた、種子の飛散や受粉など、お互いに利益を得る相利共生の関係――非常に豊か！――を通しても伝播していく。したがって、一つの種を絶滅させると、ほかの種にとって貴重な、生命維持に不可欠な資源まで奪うことになる。たとえば、ある花粉媒介役の個体群が崩壊すると、それが引き金となって一つの生態系の花粉媒介役がすべて崩壊し、それに依存する植物の生態が乱れ、農産物の収穫量まで低下するだろう[129]。したがって影響を受けるのは、これらの生態系を糧とする人間だけでなく、消滅した花粉媒介役とは何の関係もない植物に依存する動物すべてになる。

種の消滅の影響では、環境の特性まで変わることがある。たとえば、ニュージーランドでは鳥類の種が絶滅したことで、国の切手にもなった有名な小灌木の受粉が目に見えて減少、個体群の生育密度が低下して[130]、その結果、生態系の土壌や気候、気温、湿度にまで影響が及んでいる。

しかし、もっと悪いことがある。衝撃波は私たちの想像を超えた速さで伝播することもあるのだ。二〇一三年に発表された研究で明らかになったのは、生態系の相互関係の消滅（機能の消滅）が個体群の消滅に〝先行する〟ということだ。別の言い方をすると、絶滅危機の種（たとえばラッコ）は、周囲の仲間との「関係」を「衰退の当初から」失っており、その種が絶滅するずっと以前からほかの種も消滅させている（八〇パーセントのケースで）。これら間接的にひっそりと進行する消滅の始まりは非常に早く、絶滅危機の種が個体群の三分の一を失う（絶滅危機の種は、個体群の三〇パーセントが消滅したのを機に正式に公表される）以前のこともある。

以降、矛盾するようだが、最も危惧される種は、絶滅危惧種に認定された種ではなく、その種と間接的に関係する種なのである。これらの影響を知り尽くしている生態学者でさえ、その「ドミノ現象」の大きさには驚いている。現在「種の共絶滅」と呼ばれる現象は、可能性としてはるかに多いのだが、[131]目に見えないことから、観察できたときには遅すぎることになる。人的活動による生物多様性の破壊を示す数字が惨憺《さんたん》たるものであることが、これで説明できるだろう。

結果は？　まさにレイチェル・カーソンの名著『沈黙の春』の世界、農薬などの化学物質による環境破壊である。[132]一五〇〇年以降、三三二種の陸上脊椎動物が消滅し、[133]「地球上に生息する脊椎動物の個体数は、四〇年前に比べて各種平均で半数になっている」[134]。地球の大型肉食動物（ライオン、ヒョウ、ピューマ、ラッコ、ディンゴ、大山猫、クマなど）三一種類のうち、二四種はドミノ現象の影響をもろに受けて激減し、[135]生息する生態系を危険なまでに乱している。[136]

いっぽう、海の状況はとりわけ悲惨だ。人間によって荒らされていない海の生態系はほとんどなく、[137]うち半分近く（四一パーセント）が深刻な域に達している。[138]二〇〇三年、ある研究の概算では、産業革命の初期以降、大型魚のバイオマス〔生物体量〕の九〇パーセントが消滅していた。[139]当時、多くの科学者から疑問視されていたこの数字は、現在、裏づけられている。[140]海は文字どおり空っぽなのである。それが証拠に二〇一三年一月、東京の築地で本マグロ一本が一七〇万ドル〔初競りで一億五五四〇万円〕の高値で売れていた。[141]

運命は鳥類にとっても同じだ。たとえば、ニュージーランドでは鳥類の半分が消滅し、[142]そしてヨーロッパでは、ここ三〇年のあいだに野原の鳥の五二パーセントが消滅している。[143]鳥の個体群の急激な減少は、農業に使用される殺虫剤ネオニコチノイド（鳥類の餌となる昆虫類を大量に殺した）の汚染で加速しているのである。[144]

無脊椎動物――広い範囲で研究不足――では、科学者が追跡する種の個体群の三分の二は衰亡に向かっており（平均四五パーセント）[145]、そのなかに野生の花粉媒介役やミツバチがいる。[146]「世界自然保護基金事務局のM・ベイレフェルトによると、昆虫相全体で進行中の衰亡は、『急激な崩壊』の範疇に入る[147]」

熱帯林に関しても同様だ。密猟と乱獲により「野生の大型動物が消えてしまった」と観察するのは、中国科学院シーサンパンナ熱帯植物園教授で同総合保全センター長のリチャード・コーレットだ。これはアジアやアフリカ、ラテンアメリカなど、世界の豊かな熱帯林の大半で観察されている現実だ。ボルネオでは、生態学者レット・ハリソンと昆明《クンミン》（中国）の国際アグロフォレストリー研究センターのチームが、ランビル国立公園の森を三〇年間測定し、この「生物減少」を間近で観察している。動物はいなくなり、もう何もなかったのだ。アマゾンの熱帯林の専門家で、イースト・アングリア大学（イギリス）環境科学部教授のカルロス・ペレスもまた「耳が痛くなるほどの沈黙」を確認している[148]。

約六五〇〇万年前の、恐竜が絶滅した時代に匹敵する種の絶滅に到達し、古生物学者が「六番目の大量絶滅期」を語るには、地球上の種の七五パーセント以上が消滅する事態にならなければならないだろう。現在はまだそこまで達していないが、しかし、急ぎ足で近づいているのは確かだろう[149]。それにもかかわらず、社会は生物多様性の衰退を、世界を変える重要な要因の一つといまだに認めていない。国際社会を動員するほかの「危機」、気候温暖化や公害、オゾン層の穴、海水の酸化などと同格とは見ていないのである[150]。

ところで、証拠はそろっている。ドミノ現象で進む種の絶滅は、地球の生態系の生産性、安定性、持続可能性に深く、悲惨な影響を与えている。種の絶滅によって乱され、あるいは「単純化」（とくに産業化された農業により）された生態系はきわめて脆弱になり、崩壊の憂き目にあっている[151]。生態系の安定には多様性が欠かせない（生態学の初歩の知識）という、きわめてシンプルな考えが、政治や経済の多くの専門家の頭にはいまだに欠けているようだ……。

生物多様性は、農業のレジリエンス（衝撃に耐える力）と生産性を保証し、とくに生態系の調整機能（空気の質、地域ならびに世界の気候の安定、炭素の貯蓄、肥沃な土地やゴミのリサイクル）や、生命維持に必要な資源の供給（淡水、木、薬用物質など）、文化的機能（気晴らし、美的、精神的な）を保証するものだ。人間の健康にも影響を与え、感染症の発生を抑えてくれる[152]。そのいい例が二〇一四年、西アフリカに広まったエボラウイルスによる出血熱のケースで、いちばんの原因は森林の生態系が破壊されたことだった[153]。

では、たとえば花粉媒介役の昆虫がいなくなったら、受粉を確実にする（農業の栽培種の七五パーセントに必要）にはどうすればいいのだろう？ ミツバチが消滅した中国の四川省でのように、安価な人手で果樹の花から花へ受粉するのだろうか[154]？ それともおそらくドローンで？ 一部の専門家は、生態系がいかに私たちの役に立っているかに金銭的価値をつける試みをしている。ちなみに一九九八年度は、世界のＧＤＰの二倍だった[155]。

しかし、このような数字に何の意味があるだろう？ 自然は経済では解き明かせないのは明らかだ。生態系は地球レベルでいうと母胎で、技術や産業で取り替える（三世紀前から試みられているが、さしたる成果がないように）ことができないものだ。

一般に認められているのは、国際貿易の躍進で外来種が増えたことが、生物多様性が衰退する大きな原因の一つだということだ[156]。だからといって、「脱グローバル化」か、あるいは世界経済が崩壊すれば、生物多様性が回復すると信じてはいけない。まったく逆である[157]。

二十世紀のあいだ、世界人口が四倍になったにもかかわらず、人間が生態系から採取した生物体量は「わずか」二倍だった。この「遅効性」で、かなりの森林は保全されたのだが、しかしこれは化石エネルギーを大量に消費したからにすぎない[158]。今後、化石エネルギーが不足すれば、世界中の人口が森に殺到し、獲物や可耕地、とくに燃料用の薪を探す——緊急に——ことになるだろう。これは二〇〇九年末、ギリシア経済危機の当初に確認された光景でもある。

木材はまた、おそらく形だけの産業活動を維持するのにも使われるだろう。ただしその前提として、「一トンの鉄を溶解するには約五〇立方メートルの木材が必要で、それは一〇ヘクタールの森での一年間の生産量にあたる」のを知ったうえでのことになる。[159]

将来的な戦争の可能性については言わずもがな。例として知られているのは、「第一次世界大戦中の一九一六—一八年、ドイツ海軍の潜水艦Uボートが、イギリスの商船を攻撃して貿易関係を中断したとき、イギリスは自国の商業用森林の半分近くを伐採して軍事用に充てなければならなかった」[160]

これに付け加えなければならないのが気候温暖化による影響で、気候モデルの大半が示しているように、生物多様性に「甚大な」結果をもたらし、最悪の予測シナリオでは、かの六番目の大量絶滅期を引き起こす可能性もある。[161]

生物多様性は、休日に散歩を楽しむ人——もちろん、お金も教養もある人——だけが味わえる贅沢ではない。それが衰退することによる結果は想像以上に深刻だ。種の数が減るということは、生態系が私たちに与えてくれる「役に立つ」ものが減るということで、つまり、生物圏が私たちを受け入れる能力が減ることだ。その結果、遅かれ早かれ、人口が減っていき[162]、そのあとお定まりの図式が続くことになる。飢饉、病気、そして戦争だ。

その他の境界線

気候、生物多様性……。残念ながら、ほかにも多くの「境界線」がある。二〇〇九年、科学雑誌『ネイチャー』に発表され[163]、二〇一五年に更新された研究で[164]、研究者の国際チームは、私たちが超えてはならない、生命維持に絶対に必要な、地球規模での九つの境界線を数字で示す試みをした。私たちが危険ゾーンに転落するのを避け、生き残るためだ。そのなかにはもちろん、気候変動や生物多様性（新しい呼称として「生物圏の完全さ」）の衰退があり、ほかに海洋の酸化、オゾン層の減少、リンと窒素循環の崩壊、空中のエアロゾル負荷、淡水の消費、土地の用途の変化、そして最後に化学汚染がある。うち七つは現在まで数量化され、四つはすでに超えているとされる。

最初の二つ、気候と生物多様性は、前述したように、〝それだけで〟人類の運命を一変させるものだ。ほかの二つは、森林面積の減少で測定される土地の用途の変化と、リンと窒素の生物地球化学的大循環で、いずれも取り返しのつかないほど崩壊している[165]。人的活動――なかでもとくに農産業――によって土地や水中に投棄される大量の栄養素は、自然サイクルではそれほど速く吸収されず、水域を富栄養化して環境を汚染する。その結果は直接的だ。非飲料水、人間や家畜にとって毒となる藍色細菌の爆発的な繁殖、そして関連地域での酸素不足による海洋生物の死滅などだ[166]。

水に関しては、研究者が概算した淡水の世界消費量の境界線は年間四〇〇〇立方キロメートル。それを超えると、流行病の発生や汚染、生物多様性の衰退、生態系の崩壊など、取り返しのつかない破壊的な結果をもたらすことになる[167]。

しかし、水不足による最も直接的な影響は食糧不足である。というのも、緑の革命〔農業の産業化〕で灌漑が発達したことが、世界人口がめざましく増加したおもな要因の一つだからだ。現在、灌漑に使用される淡水の世界消費量は、年間二六〇〇立方キロメートルとされているが、しかし研究者が指摘するのは、気候温暖化（氷河の消滅）や人口増加、農業活動〔地下の非再生可能淡水資源の急速な汚染と枯渇〕[168]が原因で、残る対応策の幅が危険なまでに減少していることだ。したがって、人間が将来必要とする水をカバーするための、残された安全域はきわめて小さいと言える。現在、世界人口の八〇パーセントが水不足のリスクにさらされており[169]、とくに人口密度の高いヨーロッパや、インド、中国がそうだ[170]。

いっぽう、化学物質による汚染もまた非常に不安材料だ。ここ数年、合成化学物質が人間の健康に与える影響についての文献が山のように発表されている[171]。現在わかっているのは、胎児のあいだに一部の合成化学物質にさらされると、遺伝子発現が変化し、成人になったときの健康や体形、生理に悪影響を与えることだ。生殖機能の低下、肥満、異常行動などである[172]。

しかし、大量にさらされる問題に加え、ごく少量の合成化学物質に慢性的にさらされる問題があり、これには地球上のほぼ全人口がかかわっている可能性がある。たとえば、農業で肥料を散布すると、薬品の九〇パーセント以上は植物に吸収されず、地中に残ることになる。しかも残留肥料の一部は数年間そのままの状態で、水を汚染し、肥料散布が禁止されている区域〔フランスで化学汚染を防ぐため河川流域などに設けられている〕にまで移行することになる[173]。殺虫剤の残留物（現在はとくにネオニコチノイド系）は昆虫の個体群の崩壊を招き、そのなかにミツバチがいるが[174]、しかし被害は脊椎動物に[175]、最終的には野生動物相と農業にまで及ぶのだ[176]。

大気汚染も例外ではなく、それを証明するのが中国の大都市で見られる「エアポカリプス」〔大気汚染と終末論を結びつけたネット上の造語〕現象で……これはフランスでも起きている。たとえば「二〇一三年十二月十三日、パリは二〇平方メートルの部屋に八人の喫煙者がいるほど汚染されていた。（……）これらの超微粒子は、直径が〇・一マイクロメートル（㎛）〔一マイクロメートルは〇・〇〇一ミリ〕以下で、人の健康にきわめて有害だ。なぜなら肺の奥まで侵入し、血液循環に入って、心臓の血管にまで達する可能性があるからだ[177]」

大気汚染が問題になるのは、数百万人の死因になっているからである（平均寿命を下げる要因）。また、生物多様性や生態系の正常な機能にも影響を与え、そうして、いずれ経済が崩壊したら、現代医学に頼れなくなる……未来の世代にまで影響が及ぶことになる。

「境界」は無数にあり、私たちはすべてを詳細に取り扱うことはできない。本書はそれが目的ではない。考慮すべきは、私たちは包囲されているということだ。気候にしろ、生物多様性や、汚染、使用可能な水にしろ、どの境界を超えても、多くの人々の健康や経済に深刻な影響を与えることになり、そこには先進国も含まれる。

最悪なのは、一つの体系の乱れ（たとえば気候）がほかの体系を揺るがし（生物多様性、自然の循環、経済など）、あげくは巨大なドミノ現象となってほかに波及、誰も制御できず、〝誰にも見えなく〟なることだ。これら境界が私たちに教えてくれることは一つ。それは、素晴らしく効率的な産業の大型機構は、矛盾するようだが、巨大化して力をつけるほど、ますます弱くなっていることだ。

一線を超えたらどうなるのか?

ここで、大型スイッチに手を当て、圧力をかけていくシーンを想像してみよう。最初はびくともせず、圧力を高めつづけてもやはり動かないのだが、ある瞬間になると、カチッ！　一転して、当初とはまったく違う状態になる。その直前、人は装置がそろそろ圧力に負けそうなことは感じるのだが、しかし、その正確な瞬間を予想することはできない。

これは生態系にとっても（ほとんど）同じである。人は長いあいだ、自然は妨害に対して徐々に、うまく調整して対応してきたと信じていた。実際は、生態系もまた制止装置のように機能しているのだ。定期的に妨害（狩猟、漁業、汚染、干魃など）にさらされている生態系は、ただちには消耗したサインを出さないが、しかし徐々に——そして察知されないやり方で——その回復力（有名なレジリエンス）を失い、ついには転換点（ティッピング・ポイント）に達する。転換点とは、それを超えると、生態系が急激に想定外に崩壊する、目に見えない閾《いき》である。カチッ！　こうして二〇〇一年、新しい学問分野としての「壊滅的な変化[178]」学が誕生した。

たとえば湖は、恒常的に漁が行なわれると、半透明だった状態から全体が急激に濁ってくる。大型魚の数が徐々に減少し、まさにある瞬間、ドミノ現象ですべての食用魚が減少する。行きつく先が突然の微細藻類の繁殖で、それが恒常化するのである。この新しい状態はきわめて安定しており、元に戻るのは難しい。問題は、この藻類の侵略を誰も想像だにしなかったことと、誰も予測〝できなかった〟（最近まで）ことだ。

同様に、降雨量の少ない半乾燥地域の森では、樹木の消滅があるレベルを超えるだけで、土地は極度に干上がり、それが引き金となって突然に砂漠が出現し、植物が再生しなくなる。[179]それが五〇〇〇年前、サハラ砂漠で起きたいきさつで、森が突然砂漠になったのである。[180]また現在のアマゾン平原では、おそらく同様の推移が始まっていると言えるだろう。[181]

二〇〇八年、気候学者のチームが、これらの転換点を超えそうな一四の「気候転換の要因」（シベリアの永久凍土、大西洋の海流、アマゾンの密林、氷冠など）を調査した。[182]一部は元に戻る可能性があり、また、いずれにしろ地質学の歴史では過去にそういうことがあったのだが、[183]どの要因も――それ一つだけで――破壊的に気候変動を加速させ……、さらには、ほかの要因の引き金にもなることがわかった。

ポツダム気候影響研究所（ＰＩＫ）の創設者で所長のハンス・ヨアヒム・シェルンフーバー〔気候温暖化の二℃目標の生みの親〕が強調するように「気候変動に対する地球システムの反応は、非線形で比例関係にはないようだ。仮に私たちが危険を冒して安全閾の平均二℃上昇を超え、四℃上昇に向かったら、転換点を超えるリスクはきわめて高くなる」

このアプローチは、農業や人間のシステムにも当てはまる。生態系や経済、社会文化の転換点を含んでいるからだ。その例が、マダガスカルの乾燥性森林の管理（森林破壊が地域経済を一変させている）であり、フランスはコース地方の特産で、無殺菌羊乳チーズ「フェドゥ」生産の危機（羊飼いのシステムが衰退）、あるいはネット上のＳＮＳで出現する「バズ」〔なんでもない情報がある点を機にすぐに拡散する現象。ネガティブな話題のときには炎上）である[184]。

これらの転換点が存在するのは、システムの多くが連結し、均一になっているところに（7章を参照）、ドミノ現象やフィードバックの輪がともなうからである。実際、活発で複雑なシステム（生態系、組織、社会、経済、市場など）は、無数のフィードバックの輪がからみ合って構成されており、それがシステムの安定を維持し、相対的にレジリエンスのあるものにしている。

転換点に近づくのは、ほんの一つの小さな妨害、水一滴で十分なのだ。そうしていくつかのフィードバックの輪が自然を変え、システム全体を予想外のカオスへと導き、しかも取り返しのつかなくなることが多いのである。システムが消滅するにしろ、別の均衡状態に達して、より衝撃に耐える安定したシステムになるにしろ、快適とはほど遠い（私たちにとって）ことが多いのだ。

全体的なレベルでは、世界経済と地球システムの二つが、非線形力学に支配された複雑系システムで、やはり転換点を含んでいる。それを証明するのが最近の二つの研究で、一つは、金融システム全体の危機のリスクを分析、きわめて短期間で重要な経済危機を招くとしている[185]。もう一つは、「生態系全体」が危険なまでに転換点に近づいている可能性に取り組んだもので、それを超えると地球上の生命活動は現存する種の大半にとって不可能になるとしている[186]。これは二〇一二年、二四人の研究者からなる国際チームが、科学雑誌『ネイチャー』に発表した有名な研究で、これに飛びついたメディアが「二一〇〇年に世界の終焉が予想される[187]」と、競って（誇張して）伝えたものだ。

このような全体的な転換は、過去すでに起きていたとしても[188]（五つの大量絶滅期、氷河期への推移期、また、生命が一挙に増大したカンブリア紀〔約五億四二〇〇万年前から約四億八八三〇年前まで〕に先行する大気成分の変化など）、著者らが指摘するのは、それらは稀なことで、現在の状況は、事態の複雑さや、すべてのパラメータの測定が困難なことから、確実なことは何も言えないということだ[189]。それでも、一連の指標で明らかにされているのは、私たち人類には、地球システム全体を根本的かつ急速に大転換させる能力があり、そして私たちはその道を選んでしまったということだ。

この誕生したばかりの学問「破滅的な変化」学は、注目すべきものである。というのも、現在の産業化による発展モデルが引き起こす、重大な大混乱についての知識を一変させたからだ。以降、わかっているのは、一年が過ぎるごとに、どんな小さな歩みでも「危機」は増大し、それによって発生する影響は〝比例的どころか〟、突然で予測不能、取り返しのつかない大惨事のリスクが高まる……ということだ。

みなさんは、私たち全員が使っているパソコンのキーボードの文字配列〈QWERTY〉（フランス語は〈AZERTY〉）の起源を知っているだろうか？　答えを得るには、インクリボンを使ってアーム先端部の金属製活字を打ちつけた、古いタイプライターの時代までさかのぼらなければならない。当時の技師によって考案された文字の配列には、きわめて特殊な機能がある。アームがからむのを防ぐために、そのリズムをできるだけコンスタントにしたことだ。こうしてリズムを均一化するために、いちばんよく使われる文字（a・s・p・mなど）が最も「弱い」指に充てられた[190]。

現在、フラットになったデジタル用キーボードにはこのような配慮は必要ない。そこで、一部の技師は〈QWERTY〉配列より効率的で高速に入力できる、新しいタイプのキーボードを考案した。〈DVORAK〉配列だ。しかし、誰が〈DVORAK〉のキーボードを使っているだろう？　誰もいない。こうして私たちは、古いタイプライターは消えてしまったのに、全員が時代に合わない古い技術体系を使っているという、きわめて不条理な状況にいる。

ほかの分野を見てみよう。現在、農業分野では、代替農業のアグロエコロジー（農業生態学）や、パーマカルチャー〔持続可能な農業システム〕、バイオインテンシブ農法[191]〔最小の畑で最大の収穫をする農法〕は、ヘクタール当たりの収穫量が、工業化された農業に匹敵するか、上回る――エネルギー消費もきわめて少ない――ことが証明されている。いずれもより小さい面積で、土地と生態系を回復させ、気候への影響を減らして、農村社会を再編成する農業だ。[192]

ちなみにキューバの有機農業グループＧＡＯ（Grupo de Agricultura Orgánica）は一九九九年、これを大規模に具体的に証明したとして、農業の偉大な国際賞オルターナティブ・ノーベル賞（別名ライブリーフッド・ノーベル賞）を受賞した。[193]またアグロエコロジーは現在、国連でも、[194]国連食糧農業機関（ＦＡＯ）でも[195]認められ、推奨されている。それなのになぜ、これら効率的で信頼できる代替農業が急速に発展しないのだろう？　なぜ、私たちはいまだに工業化された農業に「閉じこめられて」いるのだろう？

答えは、私たちの改革システムの構造自体にある。実際、より効率的な新しい技術が現われても、それは自動的に認めてもらえない。ほど遠い！　その原因が、改革の歴史家や社会学者のいう「ロック・イン現象」で、既存のシステムを変えるのは非常に難しいことが多いのである。

たとえば私たちが全員、ガソリンスタンドに車を止めてタンクを満タンにするのは、私たちの祖先（祖先の一部）が〝あるとき〟、熱をエネルギー源とする機関として、車とガソリンの使用を普及する決断をしたからだ。私たちはこれら祖先が選択した技術で身動きが取れなくなっている。現在の技術面の軌道は、大半が過去に決められたもので、技術革新といえども以前の問題を解決する試みにすぎないことが、非常に多いのである。これは「経路依存型」推移（path dependant）〔過去の状況がもう関係なくても、過去の決定や出来事に制限されること〕と呼ばれ、さまざまなやり方で私たちを「技術の袋小路」に追いこみ、ますます反生産的な選択に閉じ込めることになる。

ロック・イン現象はどう働くのか？

別の例を二つあげよう、電力と車による輸送システムだ。[196] 電力のケースでは、たとえばある地域に一つまたは複数の火力発電所が設置されると、地元を中心に一連の強化策が始まる。政府は、経済強化策や有利な法体制を介して、投資家に発展を約束して電力生産システムを永続させ、続いて、当然のごとくさらに効率的な発電所の創設を想定する。そうして徐々に、この技術システムは成長して大規模なビジネスを生みだし、コストが下がることで見返りに、より大多数の利用者のための供給システムが拡大する。こうして、電力システムは消費者の生活習慣として組み込まれ、電気代も手頃になってシステムは拡大、エネルギー消費量も増えていく。

次いで、この技術的システムは社会に広く行き渡り、多くの二次的改革が行なわれてさらに向上し、強固になる。最終的に需要が増え、政府もシステム拡大に有利な措置を取り、そして以下同様となって……電力システムの優位性は一〇倍になる。

ロック・イン現象が現われるのは、すき間産業的な新技術に対してだ。たとえばより効率的な代替エネルギーが出現しても、支配的なエネルギー体系には多様性が入り込むすき間がなく、それが〝原因〟で浮上できなくなるのである。

二つ目の車による輸送システムでも、同様の周期で政策が実施されている。政府は道路網インフラの高密度化を促進しつつ、すでに利用していたドライバーが使用しやすいようにさらに強化（ドライバーがつねにより遠方へ、より速く行けるよう）、新たなユーザーがこれらのインフラの恩恵を受けられるようにする。道路システムの使用が増えることで、投資や公的援助も引き寄せる。税収が爆発的に増え、おかげで道路システムはますます拡張、より効率的なほかの輸送システムさえも壊滅させる。これが二十世紀初頭に米国で起きたケースで、政府の援助を受けたゼネラル・モーターズやスタンダード・オイル、タイヤメーカーのファイアストンによって、市街電車のシステムが壊滅状態になった[197]。

この過程において非常に重要なのが、自己防衛の側面だ。支配的なシステムは強化されればされるほど、その優位性を保持する資金を手にすることになる。そして細胞が固形物質を取りこむように、入手可能な資材全体を吸収し、スタート時の改革に支援や投資を必要とする代替システムの出現を「機械的に」妨害する。別の言い方をすれば、大木の陰になっている「小さな芽」は、競争できる状態にさえないということだ。この自己防衛によって、大きなシステムは小さなシステムが周辺で開花するのを妨害し、未来のために可能性のある解決法を自ら断つのは、まさに悲劇である。

ロック・イン現象のメカニズムは多く、きわめて多様である。まずは純粋に技術面のものがある。たとえば、情報科学の分野でよくあるケースとして、小さな競合ベンチャー企業によって市場に導入された部品の互換性（あるかないか）を決定するのは、支配的なシステムだ。

また、心理的側面のものもある。たとえば、米国のインディアナ大学の研究チームが明らかにしたのは、革新的なテクノロジーのコンセプトへの投資を左右するのは、未来志向よりも過去の軌道によるということだ[198]。投資家は人が想像するほど大胆ではなく、まだ実績のない未知のシステムよりはむしろ、すでに機能しているもの、技師が改良できるものに投資する傾向がある。ついでに言うと、これで説明できるのが、なぜ私たちは真に革新的な新しい政治システムを試すのにこうも苦労しているのか……ということだ。

同様の風潮として、心理的ブロックの重要な要因となるのが、個人的な行動での無力感、個人を変えることへのためらいだ。一つのシステムが導入されると、それによる習慣が生まれ、解消するのが難しくなる。スーパーのポリ袋や、高速道路を制限速度以上で走る、などがそうだ。

ロック・イン現象は制度的なメカニズムにもある。法律や規制の枠組が、新しい「すき間産業的な社会的技術」の新興を妨害するのである。たとえば、農業では殺虫剤規制が自然な処理法の発展を妨げ、また種子に関する法律が農民の種子改革を抑圧している。同様に、政府が助成金の大盤振る舞いをやめる難しさもあげることができる。

ちなみにこれを世界レベルでみると、二〇一三年に化石エネルギーに供与された助成金は、全体で五五〇〇億ドルだった（対して、再生可能エネルギーには一二〇〇億ドル）。[199] 一つのシステムでの制度の無為無策ぶりは、環境を破壊するうえに、経済的に無意味な大型建設プロジェクトでもみられる。そこでも大規模な投資は、条件（経済的、社会的、環境的）が現在とは異なる過去にさかのぼった決断をもとに投入されている。

最後に、もう一つの制度的なロック・イン現象は、かなりの比重でエネルギー源と結びつくインフラの存在だ。実際、原子力発電所の核燃料リサイクルや、石油の精製は並大抵な事業ではない。使用エネルギーのタイプを変えるということは、制度として過去に投資し、建設したものをすべて放棄するのと同じで、現在のみならず、将来的にも経済的、社会的影響を与えることになる。社会心理学では、このメカニズムは「不可解な罠」と呼ばれている。[200] 個人の性向として、理不尽なほど高くついても、目的をもう達成できなくても、執拗に続けることを意味する。愛情生活を例にとると、もう愛情を抱かないパートナーと一緒にいるケースがそうで、理由は「これまでの年月を無にすることはできないから」……。

しかし、と反論する人もいるだろう。制度の存在理由は、蓄積された富や、社会技術的な歩み、社会秩序をまさに〝保持〟することではなかったのかと？　それは確かだが、しかし問題は、まさしく改革（公的、私的な研究）に捧げられた制度が、社会技術的に支配的なシステムに独占されているという事実である。たとえば農学の新しい分野では、農業生態学の博士号所有者は仕事を続けるうえで現在、農芸化学や遺伝子工学の博士号所有者より障壁が多く、信頼度も低い。[201] 加えて、「権威ある」科学雑誌に論文を発表するのも難しく、研究でキャリアを積む機会も少なくなる。

リール大学の元経済学教授、ジャン・ギャドレが怒りをぶちまける。「国立農業研究所の『優秀な専門家』からなる学術団体に、（未来の農業を）託してみたまえ！　九千もあるポストで、有機農業をフルタイムで研究している職員は三五人しかいない！」(202)

またロック・インのメカニズムは、集団行動の原則になっているのも明らかになる。たとえば、気候温暖化に反対し、「脱炭素」世界をめざす闘いに参加する市民は、フランスでは数千万人を数えるのだが（キャンペーンやデモ、請願書、討論などに参加）、しかし分散しており、統制が取れていない（彼らが生きるために化石エネルギーを使っているのは別にして）。

逆に、化石燃料を元にするエネルギー生産にかかわる人の数はぐっと少なく、たとえば石油関連多国籍企業トタル・グループの「協力者」は約一〇万人（なかにはおそらく気候温暖化と闘う人もいるはずだ）。前者に比べはるかに少ないのだが、こちらは組織化され、莫大な資金を所有している（二〇一三年の総投資額は二二四億ユーロ〔約三兆円〕）。要するに、在来の技術システムは、変化に抵抗する財力も持ち合わせているということだ。

しかし、世間知らずであってはいけない。ロック・インは「機械的」なだけでなく、強力なロビー活動によるキャンペーンの結果でもある。たとえばフランスでは、原子力発電所で生産した電力（ストックが非常に難しい）を「放出」するために、一部の建築業者は新建築にいまも旧来の電力による加熱装置を提案している。これなど常軌を逸していると言えるだろう（なぜなら、電力は「貴重」なエネルギーで、たんなる加熱以外に多くのことができるからだ）。

これらのキャンペーンは合法的にも行なわれている。一九六八年、米国の電気関連多国籍企業ゼネラル・エレクトリックは派手なマーケティングを展開、不動産業者にやはり原発の電力による加熱装置を強要し、「業者がほかのエネルギー源を提案すれば、その分譲地には電力を接続しないとまで言って脅迫した」[203]。こうして米国ではこの年、技術的に優れた解決法とされていた太陽光エネルギーの発展は骨抜きにされたのである。

同じようなやり方で、農民を殺虫剤一色のシステム（いわゆる「緑の革命」）におとしいれるため、農芸化学関連企業は多大なエネルギーと、莫大な資金を投入した[204]。それを証明するのが、昆虫学者がわざわざ現地におもむき、疑いを抱く農民の目の前でＤＤＴを飲んで毒ではないことを証明したことだった[205]。

それでも、最後の例が証明したように、一部のロックは最終的にはいずれ外される。事実、ロック・イン現象は転換を遅らせるだけのことが多いのである[206]。ただし現在の問題は、私たちにはこれ以上待つ時間的な余裕がなく、そしてロックが巨大になっていることだ。

規模の問題

問題がより深刻なのは、グローバル化と連結性、そして均質になった経済で、ロック・イン現象がさらに硬直化、在来システムの力を過剰に押し上げてしまったことだ。アメリカ人考古学者ジョセフ・テインターの理論によると、これによって社会が否応なく、最大限に複雑化して専門化、社会的・政治的管理が強まって、まさに社会が崩壊する大きな要因の一つになるという。[207]

実際、時とともに、社会はますます開発が難しい（容易なところは最初に枯渇）高コストの自然資源に向かっている。それによってエネルギー利益率が減少するいっぽうで、同時に、たんに「現状」を維持するためだけの官僚政治や内政管理の支出、軍事費は増大している。この複雑な仕組みにロックされ、社会の物質代謝は効率低下の閾に達し、ますます弱体化して崩壊寸前になっている。

こうして前述したように、グローバル化によって私たちの産業社会は複雑系のきわみに達し、効率が低下する段階に入っている。とりわけロック・イン現象を危険なまでに拡大してしまったようだ。事実、いったん一つのシステムがある地域または国に定着すると、そのシステムは経済的に大きな競争力をつけ、技術的にも効率がよくなって、急速にほかの国に伝染して広がっていく。次に、そこで定着した在来型システムはその効率性ゆえに、このパラダイム（範例）から抜けだすのが難しくなる。とくに、すべての国のあいだで競合が確立したときだ。これが「グローバル・ロック・イン現象」[208]で、三つの例で表わすことができるだろう。金融システムと、炭素をベースにしたエネルギー・システム、そして経済成長だ。

金融システムはここ数年、少数の巨大な金融機関に集中してきた。[209]たとえばイギリスでは、三大銀行が市場に占める割合は、一九九七年の五〇パーセントから二〇〇八年には八〇パーセントになった。この集中化で、国家は暗黙のうちに銀行保証を与えざるをえなくなり、それが市場の原則を骨抜きにし、銀行を助長して過大なリスクを負うまでにした。これら金融機関と政府の関係が「非常に密接」になった……のはいうまでもない。こうして、いくつかの金融機関と多国籍企業は「too big to fail」（大きすぎてつぶせない）、あるいは「too big to jail」（大きすぎて訴訟できない）までになったのである。[210]

炭素とその工業技術関連複合体の問題は、おそらく歴史上最大のロックである。「〝初期条件〟として、石炭や石油が豊富にあったこと、しかしまた、政治的決断で一つのエネルギー源がほかより奨励されたことで、非常に長期間続く科学技術の軌道が決定事項になった[211]」

現在、仮に私たちの熱工業文明から石油、ガス、石炭を取り上げてしまったら、重要なものは何も残らないだろう。私たちが知っているもののほとんどは、それらに依存している。輸送はもちろん、食品、衣類、加熱などだ。石油・ガス関連メジャー企業の経済力、政治力は計り知れず、世界的企業九〇社だけで、一七五一年以降の温室効果ガス世界排出量の六三パーセントを排出してきた。[212]

最悪なのは、エネルギー転換（再生可能に向かう）の賛同者もまた、代替エネルギーのシステムを構築するために、この熱力を必要としていることだ。この矛盾たるや滑稽なほどだ。生き残りのために、私たちの文明は権力と安定の根源と闘わなければならないのだ。まさに、自分の足に弾丸を撃つのである。文明の生き残りが、支配的な技術システムに完全に依存している。究極のロック・インである。

成長のロックも同じロジックで経緯する。債務システム（債務を債務で返済するシステム）

の安定は、完全に成長を拠り所にしている。世界経済のシステムは、もし機能しつづけたければ、成長を放棄することはできない。つまり、私たちは貸付金を返済しつづけ、家賃を払い、さらには失業が増えるのを防ぐために、成長を必要としているということだ[213]。事実、私たちの制度はいずれも、成長のない世界には適合していない。というのも、それらは成長の〝ため〟と、成長に〝よって〟考案されてきたからだ。

試しに急上昇中のロケットを減速させ、降下させて、軟着陸させてみるとしよう……。もし私たちがあまりに長期間成長を奪われたら、返済できなくなる債務が山のように積み重なり、経済システムは内部で破裂することになる。しかし前述の炭素関連システムと同じように、グローバル経済システムが穏やかに、痛みなく軟着陸するには、システムが最良の方法で機能する必要がある。つまり、ここでも強い成長が必要になる。これがもう一つの矛盾点だ。したがって、グローバル経済システムの〝もとで〟収縮に取り組むのは難しいということになる。移行を早急に展開するのに必要なのは、やはり強い経済成長なのだから。

これら強力で、至るところにあるロック・イン現象に依存する人々――私たち！――は、きわめて他律的〔自律の反対〕になった。つまり、自分で接続を断ち、自律的な世界を見つける能力がなくなったのである。政治の世界も同じで、構造的に目先の選択をするよう方向づけられており、自由度がほとんどない。バラク・オバマ前大統領もこう言っている。「私が思うに、アメリカ国民は国の経済や雇用、成長にあまりに集中し、これからもそうありつづけるので、たんに気候問題を処理するためだけに、どこかで雇用や成長を無視するよう通達されても、誰もその方向に身を投じないだろう。私なら取り組まないだろう[214]」

私たち（とくに私たちの祖先）は、巨大で怪物のようなシステムを作りあげ、それが数十億の人々の生活を維持するのに必要不可欠なまでになった。そうしてあらゆるトランジションを妨害しているうえ、崩壊のおそれを警告することも許されない。システムとは自分自身を指示対象とする自己参照構造体であることから、支配的なシステムの「内部」で解決法が見つからないのは明らかだ。したがって、その周辺で改革を培わなければならない。それが移行＝トランジションのすべての目的だ。しかし、周辺に幅はまだ残っているのだろうか？

要約すると、私たちは技術の進化をめざし、複雑な階段を猛スピードで、後先も考えず一直線によじ登った。現在、進化の階段の高みで一種の目眩《めまい》を覚え、多くの人が気づいているのは——恐れおののいて——、階段内部の横木が消え去り、それでも無情な上昇は続くということだ。上昇を止め、静かに下降して、地上でシンプルな生活様式を見つけようにも……階段を飛び降りないかぎりもう不可能だ。つまり、その衝撃に耐えるか、あるいは、仮に多くの人が同時に階段から離れて、システム全体に大衝撃を起こすか……である[215]。それを理解している人々は、不安を抱いて生きている。苦しまぎれに前進を続けるほど、衝撃はより痛みをともなうものになるだろう。

5章　ますます弱体化する車体のなかで身動きできず

さまざまなサイズのボルトやビス、リベットが数十万個、エンジンやボディ用の金属部品が数万個、タイヤの部品、プラスチック、炭素繊維、熱硬化性ポリマー、布、ガラス、マイクロプロセッサー……。大型飛行機ボーイング七四七の製造には、全部で六〇〇万個の部品が必要だ。飛行機を組み立てるのに、ボーイング社は一〇〇カ国以上を拠点にする六五〇〇社近くの供給業者に協力を求め、毎月、約三六万件の商取引を行なっている。[216]これが私たち現代世界の異常な複雑さだ。

五〇年のあいだに、私たちは世界の大半の地域とグローバルに接続してしまった。情報、金融、貿易、供給チェーン、観光、そしてこれらの流れすべてを下支えするインフラも含め、すべてのシステムは密接に連結している。

物理学者でシステム学の専門家、米国ケンブリッジにあるニューイングランド複雑系研究所所長のヤナー・バー゠ヤンによると、「ネットワーク社会は、一種の多細胞の有機体のように動く[217]」。器官の大部分は生命維持に必要不可欠で、一部でも切除すると、有機体が死ぬリスクがある。バー＝ヤンが発見したのは、これらのシステムが複雑であればあるほど、各器官は有機体全体にとって必要不可欠になることだ。したがって世界レベルでは、グローバル化された私たちの文明すべての分野、地域は相互依存関係にあり、一つが崩壊すれば必ず、メタ組織全体を揺るがすまでになっている。

別の言い方をすると、私たちの生活条件「いまこの瞬間、まさにこの場所で」は、「ほんの寸前に」地球上のどこか多くの場所で起きたことに依存しているのである。このことから考えさせられるのは、バー＝ヤンが強調しているように、「（産業）文明は非常に脆弱[218]」だということだ。

複雑系システムの安定をおびやかすリスクは、大きく三つに分類することができる。閾値《しきいち》効果（「すべてか無」の現象）、ドミノ効果（「伝染」の現象）、そして、衝撃のあと再び均衡を見出すことができないリスク（ヒステリック現象）だ。[219]これまで見てきたように、これらのリスクは、私たちが依存する自然システムに現に存在するが、しかし私たち自身のシステムにも同じように存在する。これから見ていくように、私たちの社会を形成する金融、供給チェーン、そして物理的なインフラのシステムだ。

足元がぐらつく金融システム

すでに見たように、国際的な金融システムは、債務を債務で返済する複雑系ネットワークになり、そこに無数の仲介業者のバランスシートがからんでいる。[220] この複雑きわまりない仕組みは、それを管理するための取り決めが、増えるいっぽうの規制の山となっていることから推し測ることができる。

たとえば、各銀行の財政安定性を保証するため、自己資本比率の国際最低基準を定める目的のバーゼル合意〔バーゼル銀行監督委員会が公表〕は、一九八八年（バーゼルⅠ）は三〇ページだったのが、二〇〇四年（バーゼルⅡ）は三四七ページ、二〇一〇年（バーゼルⅢ）は六一六ページになっている。いっぽう、合意署名国が履行にあたって必要となる資料は、たとえば米国の場合、一九九八年は一八ページだったのが、現在は約三万ページだ[221]！

システムはこうしてスピード化し、洗練された。高頻度取引のおかげで、売買は日々高性能化するコンピューターを介し、ミリ秒単位で自動的に行なわれるようになっている。[222] 取引専門のオペレーターもまた、新しい金融商品や証券化商品（債務担保証券）を作って売り出し、その総数は文字どおり爆発的に増えている。国際決済銀行（ＢＩＳ）の統計によると、証券化商品市場は二〇一三年十二月、七一〇兆ドルにまで跳ね上がった。[223] 大まかにいって、なんと世界のＧＤＰの一〇倍だ。

問題は、当事者が集中していること、金融システムの複雑さと速さ、そして規制とトレーダー「改革」の溝が大きくなったことで、このシステムがきわめて弱体化したことだ。[224] 衝撃はいまや、あっという間に全ネットワークに広がる可能性がある。[225] しかしまた、複雑系はそれ自体で危機の原因になりうる。経済状況が悪化すると（顧客の倒産、銀行が保持する資産の株価が下落）、銀行側は接続するほかの銀行全体の価値を算定するのがきわめて困難になり、全体に疑心暗鬼がはびこって、投げ売り（fire sales）を誘発、最後は取引の凍結で終わる。[226] これが二〇〇八年の金融危機で起きたことだ。

もっと悪いのは、この二〇〇八年の危機後、各国政府が経済の崩壊を避けるため、いわゆる「異次元」政策を取ったことだ。危機拡大にパニックになった各国中央銀行が実施したのは量的緩和政策、まさに現代版紙幣印刷用原版の発行である。短期国債（国に貸付けることになる）やその他の金融証券を購入して、市場に出回る金の流れをよくし、セクター全体が麻痺《まひ》するのを防ぐ目論見だった。

こうして、世界の主要中央銀行（米国、ヨーロッパ、中国、イギリス、日本）を併合したバランスシートは、危機以前の七兆ドルから、現在は一四兆ドルになっている。[227] この金すべてに有形資産価値はいっさいない。そして傾向として、現実的な息切れの兆候はまったく見えない。たとえば、日本の中央銀行である日銀は近年、短期国債の購入政策を加速、年に総額七三四〇億ドルにした。[228] 進行中のデフレスパイラルの対抗策として取られたこの戦略は、日を追うごとに「通貨安戦争」の趣を呈している。各国がそれぞれ「敵対する」他国の通貨政策に反発し、自国通貨の為替レートを下げて自国産業と輸出を優遇、それにともなう雇用率の上昇を狙っているのである。

しかし、経済学者ケインズによると、「社会の既存基盤をくつがえすのに最も確かな方法は、通貨を放棄することでしかないだろう。この過程では、経済を崩壊に向かわせるあらゆる不確実性の法則とかかわることになり、ある意味、千人に一人も判断を下せない事態となる」[229]
困るのは、銀行と通貨の危機が金融の分野だけにとどまらないことだ。必然的に経済活動に悪影響を及ぼし、社会の団結力と消費者の信頼を打ち砕く。経済は後退の局面に入り、それによって国家の赤字が増えていく。たとえばユーロ圏では、公債は六年間で三兆ユーロ〔約三六〇兆円〕以上増加（五〇パーセント以上）し、総額九兆ユーロで定着している。なんとGDPの九〇パーセントだ。[230]もし現在、一部の専門家が主張するように、これら涙ぐましい努力で経済活動を安定させられたとしても、現実として各国の失業率はそれほど下がらず、社会の緊張も低下しなかった。まったく逆である……。

危機的な供給チェーン

ここ数十年、実質経済もまた密に連結してきた。巨大な供給チェーンが設置され、財やサービスが生産者から消費者まで継続して流れるようになった。現在、各企業は「インターナショナルに」機能している。利益を最大限にするため、工場を移転し、できることはすべて下請に出している。新しい管理体制は効率化に集中（「目に見えないコスト」の削減）し、ジャストインタイムでの供給を助成して、コストがかさむストックを極力抑えている。ちなみに、緊急時用に各国がストックする石油や食糧は数日分、さらには数週間分で事足りるようになってている。石油では、たとえばフランスは、純輸入量で最低九〇日分のストックが義務づけられている。[231]

これら供給チェーンの距離の長さと接続性を向上させつつ、ストックをゼロにすることで、世界の経済システムは効率性を手にし、そのぶん、衝撃に耐える力（レジリエンス）を失った。金融と同じように、いまや些細なトラブルが甚大な被害を引き起こし、導火線のように経済全体に波及する可能性がある。

それをよく物語るのが、二〇一一年のタイでの洪水だ。その年、豪雨と四つの強力な熱帯性暴風雨に襲撃されたタイでは、農業からコンピューターや集積回路の製造まで、多くの企業が洪水の犠牲になった。米の大生産国であるこの国では、年間生産量が二〇パーセントにまで落ち込んだ。ハードディスクの世界生産量は二八パーセントに落ち、そのあおりで価格が高騰、コンピューターやデジタル・カメラ、ビデオの生産は中止になった。水位の上昇で、ホンダ、ニッサン、トヨタの工場もまた大きな痛手を受け、すべて生産中止に追い込まれた。翌二〇一二年、世界経済フォーラムで指摘されたのは、こうなった原因はすべて「大惨事に備える余地のない、効率的な供給チェーン」[232]にあったことだった。

供給チェーンを乱す可能性のある発生源は、自然が原因（地震や津波、暴風雨など）のこともあるが、行政上の失策やテロ行為など人的な原因もある。二〇一二年一月、ホワイトハウスの国家戦略が供給チェーンの安全性で不安視したのは、犯罪ネットワークやテロリストが「システムを利用するか、攻撃の手段として使おうとする」可能性だった。[233]

すでに二〇〇四年、米国保健福祉省長官のトミー・トンプソンはこう公言していた。「私にはなぜテロリストがわが国の食糧供給チェーンを攻撃しなかったのか、皆目わからない。じつに簡単にできることだ」[234]。翌年、カリフォルニアのスタンフォード大学研究チームが明らかにしたのは、米国で牛乳二〇万リットルを保存するサイロの一つに、ボツリヌス菌の毒素〔一グラムで一〇〇万人の致死量〕を入れるだけで、感染源を突き止める以前に二五万人を殺せるということだった[235]。

一部の研究者は、二〇〇八年の金融危機のさい、グローバル化された供給チェーンがいかに世界貿易の崩壊を導いたかを詳細に記述した[236]。いっぽうほかの研究者は、これら伝染のメカニズムを理解するため、マクロ経済のモデルを開発した[237]。そうして明らかになったのは、グローバル化した金融システム同様、供給チェーンでの伝染はいまや食糧連鎖全体のドミノ現象（生物多様性の3章ですでに述べた）に匹敵するということだ[238]。

たとえば、一部で納入品の支払い不能が発生すると、その衝撃は縦の関係で伝播し、次いで横に拡大して、競合各社を不安定化する。おまけに供給チェーンは、金融システム——経済活動に欠かせない融資信用枠を提供する——が健全かどうかにかかっており、よけい脆弱なのである。

息切れ寸前のインフラ

もっと先へ行こう。供給チェーンと金融システムは物質的な土台の上で機能している。つまりインフラ網で、こちらもまた日々精巧になり、接続されていく。道路、海上、航空の輸送網や鉄道はもちろん、電力や電気通信網（インターネット）もそうだ。

これら物質的なインフラは、私たちの社会を支える重要な支柱なのだが、これもまた（驚くことに！）システム的な弱点が増大するリスクに陥りやすいのだ。たとえば、世界のすべての銀行間取引は、国際銀行間通信協会（ＳＷＩＦＴ。ＢＩＣコードで有名）と呼ばれる小さな組織を通して行なわれるのだが、その組織が所有するデータセンターはわずか三カ所のみ、米国とオランダ、新しくスイスである。

事業内容は、銀行間取引で規格化されたメールサービスと、二二五カ国以上での一万五〇〇〇機関以上のインターフェース（仲介）の提供で、一日の取引総額は数兆ドルにのぼる[239]。仮に、テロやサイバー攻撃など、なんらかの理由で、これらのデータセンターが被害にあったら、経済全体に与える影響は大変なことになるだろう。

輸送網もまた、不安定化する可能性のある媒体だ。たとえば二〇一〇年、アイスランドの火山島エイヤフィヤトラヨークトルの爆発では、六日連続で航空輸送機の運行が中止に追い込まれ、世界貿易に多大な影響を与えた。この爆発による影響のなかには、ケニア空港で輸出用のバラが足止めされて雇用を失った人、アイルランドで中止になった外科手術、ドイツでＢＭＷの生産ラインが三つ止まったことなどがあげられる[240]。

いっぽう二〇〇〇年、ディーゼル（軽油）価格の高騰を受け、イギリスでは一五〇人のトラック運転手がストを決行、燃料の大倉庫を封鎖した。ストが始まってわずか四日後、国の製油所の大半が操業を停止し、政府に対し残りの備蓄を保護する政策を取るよう強要した。次の日、人々が食料品をストックするためにスーパーや食料品店に殺到した。一日おいて、今度はガソリンスタンドの九〇パーセントが業務を停止、国営医療システムの国民保健サービス（ＮＨＳ）は、重要ではない外科手術のキャンセルを始めた。郵便事業のロイヤルメールは配達をストップ、多くの町や村の学校は閉鎖になった。テスコやセインズベリーといった大手スーパーは配給制を導入し、政府は重要物資を輸送する車列を護送するために軍に援助を求めた。最終的に、スト参加者は世論の圧力に屈して譲歩した[241]。

この事件を分析した、エジンバラのヘリオット＝ワット大学物流学教授のアラン・マッキノンによると、仮に同様のことが再び起きたら、「一週間後、国は深刻な社会的、経済的危機に陥るだろう。生産体制と配送システムの大半が復旧するには、数週間はかかるだろう。一部の企業は立ち直れないだろう[242]」。米国トラック協会の報告書は[243]、これらの不安を共有し、起こりうるドミノ現象に対する見解を時系列であげている（次ページの囲みを参照）。

製油所は必要な燃料を道路輸送で供給しているが、しかし列車もまた主要な発電所に石炭を運んでいる。ちなみに、イギリスの電力の三〇パーセント、米国の五〇パーセント、オーストラリアの八五パーセントを供給する火力発電は、平均で二〇日分の石炭を備蓄している[244]。しかし、電力がなければ炭田もパイプラインも機能できない。水道の配送も、冷凍チェーン、通信システム、情報センター、銀行……も、維持するのは不可能だ。

■トラックが止まると、米国も止まる

――時系列でみる、トラック輸送が止まったあとのおもな活動分野の被害状況

【最初の二十四時間】

・影響の大きい地域で、必要な医療品の配送が止まるだろう。
・病院では、注射器やカテーテルなど、基本の必需品が不足するだろう。
・ガソリンスタンドでは、ガソリンや軽油などが不足しはじめるだろう。
・ジャストインタイムで機能する工場は、部品不足に泣かされるだろう。
・郵便やその他小包の配達が止まるだろう。

【一日後】

・食糧不足が明らかになるだろう。
・燃料の入手が困難になり、価格が高騰しはじめ、ガソリンスタンドに長い列ができるだろう。
・工場に必要部品がなくなり、製品を配送するトラックもなく、組み立てラインがストップして、数千人の労働者が一時的に解雇されるだろう。

【二、三日後】

・食糧不足は深刻になるだろう、とくに消費者がパニックになって、買い置きに走る場合。
・水のボトルや粉ミルク、保存用肉など主要な必需品は、大型小売店から消えるだろう。
・現金自動預払機は紙幣不足になり、銀行は一部の取引が処理できなくなるだろう。
・ガソリンスタンドではガソリンと軽油が不足するだろう。
・都会や郊外ではゴミが山積みになるだろう。
・コンテナ船は港で足止めになり、鉄道は混乱して、そのあと動かなくなるだろう。

【一週間後】
・車での旅行は、ガソリン不足でできなくなるだろう。車もバスもなく、多くの人は職場に行けず、買い物もできず、医療機関にも行けないだろう。
・病院では備蓄酸素が底を突きはじめるだろう。

【二週間後】
・飲料水が不足しはじめるだろう。

【四週間後】
・国中に飲料水がなくなり、水は沸騰させないと飲めないだろう。その結果、胃腸の病気が増え、すでに弱体化している治療システムをさらに窮地に追い込むだろう。

ニュージーランドのオークランド大学の研究者によって行なわれた最近の研究で確認された

のは、ここ一〇年のあいだに、大規模な停電が二六カ国で五〇回あったことだった。[245]研究で明らかになった停電の原因は、電力網の脆弱さにあり、再生可能エネルギーの断絶や、化石エネルギーの枯渇、異常気象に対応できていないことだった。停電による影響は世界中同じである。電力の割当配給、金融と経済の損失、食糧の安全保障性のリスク、輸送網の機能不全、下水処理場の操業停止、携帯電話のGSMアンテナの停止、犯罪や社会トラブルの増加などだ。

加えて、先進国であるOECD（経済協力開発機構）の国々では、多くの輸送、電力網、配水網は、設置から五〇年以上経ており（なかには一世紀以上も）、すでに最大能力を超えて機能している。[246]二〇〇八年の金融危機以降、政府がインフラの維持や新設に必要な投資を延期し、凍結することもめずらしくなく、それがいっそうインフラシステムを弱体化させている。

たとえば米国では、構造上問題ありとされる橋は七万本（九本に一本）、道路の三二パーセントは状態が悪いとされている。[247]この事実をもとにオバマ大統領の元運輸長官レイモンド・ラフッドが言ったのは、「わが国のインフラは現在、点滴を受けている状態だ。（……）いずれ崩壊するのは間違いない。というのも、我々は必要な投資をせず、したくとも予算がなかったからだ[248]」

これらの例から得る教訓はシンプルだ。インフラの相互依存レベルが高くなればなるほど、些細なトラブルが一つの都市、あるいは一国全体に重大な悪影響をもたらすということだ。

火種は何か?

ここまでで私たちは、特定の場所で、一定の時に、限定的な損失や一時的なブロックで、システム的リスクが現実となるのを見てきた。そこで次に知りたいのは、金融システムや供給チェーン、あるいはインフラでの一つの破綻が、はたして世界経済全体に波及し、崩壊を引き起こすのか? である。

　システム的リスクの専門家、デイヴィッド・コロウィッツによると、答えはイエス。火種は二カ所からくる可能性がある。[249] 最初の一つはピークオイルで、それが2章で見たように、現在の貨幣システムである部分準備銀行制度（債務を基本にした制度）（銀行は実際に準備している金より多い金を貸出しに回している）を揺るがしていく。二つ目の火種は、金融システムのグローバルな不均衡からくる。いずれの場合も、信頼の失墜が全体に広がった段階を経てグローバル経済が崩壊するのだが、それ自体、国家や銀行の支払い不能が原因だ。

　コロウィッツは、自身の発言を補強するために、ユーロ圏の一国の無秩序な破綻によって発生する伝染のシナリオを描いている。この「危機」が国から国へと銀行の分野にパニックをまき散らし、次にそれが経済、つまり活動分野に伝わっていく。そして最後は数日で食糧危機に転換する。二週間もしないうちに、危機は指数関数的に世界中に拡大し、三週間後には、生命維持に必要な一部の分野は再起不能になるだろう（9章を参照）、というものだ。

いっぽう考え方を変えると、深刻なパンデミック（病気の世界流行）もまた、大規模な崩壊の原因になる。[250]これに関しては、一つのウイルスが人口の九九パーセントを殺す必要はなく、低いパーセントだけで十分だろう。実際、社会が複雑化すると、職の専門化がますます進み、いわゆるコンピューターで特定の機能を実行させるファンクションキーのような職種が出現して、社会はそれなしには進めなくなる。それがたとえば、燃料を輸送する道路運送業者であり、原子力発電所の一部の高度技術者、あるいは情報科学分野の「ハブ」を維持管理する技師、などだ。

前述の物理学者バー＝ヤンによると、「複雑系システムに関する研究結果で、最も奥深いものの一つは、システムが高次に複雑になったとき、個人が重要になると確認したことだ[251]」

総合エネルギー企業エクソン・モービルの緊急グローバルプランのチーフで、一九一八年に流行したスペイン風邪の余波による影響をシミュレーションしたジョン・レイによると、「仮に、出勤しても感染の危険はないと人々を納得させたとしても、二五パーセントほどの欠勤者が出るだろうと考えられる[252]」。この場合、重要ポストを守る対策を滞りなくしておけば、重大な結果にはならないだろう。「しかし、仮に欠勤者が五〇パーセントになったら、話はまったく違ってくる」。もし実際の患者に、パンデミックを恐れて家にとどまる人を加えたら、ドミノ現象は破壊的になり、数日後には、システム全体が消滅するだろう。

二〇〇六年、今度は経済学者が、一九一八年のスペイン風邪が現在の世界で流行した場合の影響をシミュレーションした。結果、死者は世界で一億四二〇〇万人、経済の後退では世界の

GDPの一二・六パーセントが削減されることになった[253]。このシナリオでは、死亡率（感染者に対して）は三パーセントだった。ところが新型インフルエンザH5N1型やエボラ出血熱のウイルスになると、死亡率は五〇から六〇パーセントを超える可能性がある……。

これに対する反論として、中世ではペストの流行でヨーロッパ人の三分の一が亡くなったが、しかし文明は消滅しなかったと言う人もいるだろう。確かにそうだが、しかし状況が違っていた。当時の社会は現在ほど複雑ではなかった。地域経済が区分されており、伝染のリスクが低かったうえに、人口の大半は農民だった。農民の数が三分の一減ると農産物も三分の一減るのだが、しかし社会全体の重要な機能までが消えたわけではない。それとは別に当時は、生存者は汚染されていない多様性のある生態系や、新しい耕作地、比較的豊かな森、安定した気候に頼ることができた。現在、これらの条件がそろっているところはもうないのである。

加えて、現在は物事をシステム的な側面で意識している人が少なく、各国政府もこの状況から抜けだす出口を見つけるのに手をこまねいている[254]。行政側は「国際機関は主として単純な問題にのみ集中し、システム全体の連結性を無視している。たとえば、気候変動に対しては森の植林で対処しているが、これは国連の生物多様性条約で定められた生態系を破壊する可能性がある。また、バイオ燃料の促進も森林破壊を加速させ、貧困国の食糧の安全保障をなし崩しにする可能性がある[255]」

最後に、システムが複雑になりすぎた結果、外部からの衝撃がなくても、その内部構造によって崩壊に陥る可能性を警告しておくことが重要だろう。実際、複雑さがあるレベルを超えると、技術的な測定法を駆使しても、このようなスーパー・システムの混乱を予想して理解するには不十分だ。完全に制御するのは不可能と断言していいだろう[256]。たとえ専門家や決定機関がリスクの情報をつかみ（これは必ずしもそうではない）、その方面に造詣が深く（もっとありえない）、優れた技術を持っていても、グローバルなネットワークが外部からの侵略で断絶するのを避けることはできない。

したがって、「超グローバル化」で高次に複雑化し、巨大システム化して連結した世界経済では、前述した危機的分野それぞれのリスクが倍加している。こうして出現したのが新しいタイプの「グローバルなシステミック・リスク」と呼ばれるリスクだ。潜在的な引き金は無限にあり、それがきっかけとなって小規模な経済後退から大規模な不景気、全体的な崩壊まで急激に広がることになる。

私たちの社会では現在、スーパーやクレジットカード、ガソリンスタンドなしに生き残れる人はきわめて少ない。文明が「地上から離れる」、つまり住民の大半が地球システム（土地、水、森、動物、植物など）と直接的な関係を持たなくなると、人々は完全に現状維持の人工的な構造に依存するようになる。この構造は日に日に強力になるが、しかし弱点があり、仮にそれが崩壊したら、もはや安全性など失われ、人類全体の生死にかかわってくるのである。

第1部のまとめ

一目瞭然の指標一覧

ここで一息入れ、第1部を要約してみよう。

私たちの産業文明は、現状を維持し、金融の混乱や社会的トラブルを避けるため、加速度的に複雑化し、増大するいっぽうのエネルギー消費を余儀なくされている。その急激な発展は、並外れて使い勝手のいい――しかしまもなく終わる――化石エネルギーによってもたらされた。エネルギーとしてきわめて採算性のある化石エネルギーと、連動する形で経済が成長、しかし負債がふくらんで不安定になった。

そうして現在、私たちの産業文明は、地球物理学的、経済的な限界で成長が頭打ちになり、能率が低下する段階に達した。長くこれらの限界を押し上げてきたテクノロジーは、だんだんとこの加速を保証できなくなり、この持続不可能な軌道を「ロック・イン」して、代替的な改革を妨害している。

併行して、複雑系科学が発見したのは、複雑系システム――経済や生態系が入る――はある閾《いき》を超えると急転直下、前進不可能な新しい均衡状態となり、さらには崩壊に向かうということだ。私たちは、社会や種としての生活条件の安定を保証していた、いくつかの「境界」を超えたことに、ますます気づいていくことになる。グローバルな気候システムや多くの生態系、また地球の生物地球化学的大循環は、私たちが知っていた安定圏を飛び出し、急激に大混乱期になると予告している。そうなると産業化した社会も、その他の人類もほかの種も、一挙に不安定化するだろう。

私たちの時代の特徴としての矛盾――おそらくは境界を超えて限界にぶつかった文明すべてにあてはまる――は、この文明が力をつければつけるほど、もろくなっていることだ。人類の半分以上が恩恵を受けている現在のグローバル化した政治、社会、経済システムは、深刻なまでに資源を枯渇させ、その土台となっているシステム――気候や生態系――を混乱におとしいれた。結果、過去に成長を約束し、現在の安定を保証し、生き残りを約束するはずだったもろもろの条件は、危険なまでに悪化してしまった。

同時に、私たちの文明構造がますますグローバル化して連結し、ロック・イン現象に陥ったことで、内部・外部の小さな混乱に対してきわめて脆弱になったうえに、いまやシステム的な崩壊の力学にさらされている。

これが私たちの現状である。気候や生態系の過度の大混乱（それだけで種の脅威になる）を防ぐため、エンジンを止めなければならない。したがって、危険のない空間を作り出すためにたどるべき唯一の道は、化石エネルギーの生産と消費をきっぱりと止めることで、結果としては経済と、おそらくは政治・社会の崩壊を招き、さらには熱工業文明の終焉につながることになる。

いっぽう、現在の産業文明のエンジンを救うには、つねに境界を突き破って進まなければならない。つまり、探査して採掘し、生産して、つねにより速く成長しなければならない。必然的な結果として、気候、生態系、生物地球物理的な転換点、そして資源のピークに至り、いずれにしろ同じ結果――経済の崩壊――になる。ただしこの場合、人類の崩壊は前者の倍、へたをすると生物種すべてが消滅するかもしれないのである。

現在、私たちには確かなことが四つある、一、私たちの社会の物質的な成長は、近い将来に止まるだろう。二、私たちは地球システムを取り返しのつかないほどに悪化させた（人類の地質学的な尺度で）。三、私たちはきわめて不安定な未来に、「非線形＝比例しない形」で向かっており、そこでは大混乱（内部でも外部でも）が普通の状態になる。四、私たちは今後、グローバルなシステム的崩壊にさらされる可能性がある。

こうして私たちがこの四つから推論するのは、多くの経済学者、気候学者、物理学者、農学者、生態学者、軍人、ジャーナリスト、哲学者、さらには政治家（うちいく人かは本書の冒頭に引用した）と同じように、この社会は近い将来に崩壊する可能性があるということだ。

再び車に例えると、かつてないほどの加速により、燃料は残りわずか、息切れ寸前のエンジンは煙を吐いて咳き込んでいる状態だ。スピードに酔った私たちは、標識のある道路を外れ、ほとんど何も見えない状態で、障害物だらけの険しい坂を急降下している。一部の乗客は車が非常にもろいのを認識しているが、しかし運転者はいっこうに気づかず、アクセルを踏みつづけている。

この指標一覧全体を、一つ一つ「危機」を分けることなく見ると、質的に急激な動きが見てとれ、私たちの時代がよく理解できる。それにはエボラウイルスの例が興味深い（危機は［括弧］で示す）。森林破壊［生物多様性］がウイルスの繁殖を助長し［健康］、しかし死者と就業不能者の数や、外出禁止令が出されたことで経済活動が減速［経済］、供給網［インフラ］と、収穫［食糧］に多大な混乱を生じさせた。

その結果、流行病の発生から六カ月もしないうちに、西アフリカでは一〇〇万人以上が飢えに苦しみ[257]、ギニアの医療システムはこれ以上ないほど弱体化した［インフラ］[258]。もし産業化された医療システムがこのような事態に対応できなくなったら、次の流行病が発生したときはどうなるのだろう？

同様に、たとえばオイルピークのような気がかりな数字を前に、私たちの文化に根づく還元論的な科学〔複雑な物事でもそれを構成する要素に分解して研究する〕で対処すると、一つの分野で「解決法」を研究するのがおちで、それでは隣接する「危機」に通用しないことが多い。その点、すべての分野が連結していることを知っていれば、そのような落とし穴を避けることができる。つねにより多くのエネルギーや物質を消費していては、状況の悪化を食い止める技術的な「解決法」はあまりないことがわかるだろう。

指標一覧はじつに明確で、量も膨大、息が詰まりそうだ。仮に、偶然、何人かの研究者が結論を間違えても、また仮に数字の一つが違っていて、どこかで間違った解釈をしたとしても、理性による推理はほとんど変わらない。確認したことは結局、どんな衝撃にも揺るがない。

仮に理想的な世界として、金融を制御できたと想像してみよう。それによって、繰り返される暴風雨や、石油の枯渇、供給チェーンの長さ、動物の種の絶滅の何かが変わるだろうか？　想像してみよう。仮に私たちが明日にも無尽の新しいエネルギー源を見つけたとして、リン酸塩鉱物の枯渇や、グローバル化による人口移動やシステム的リスクを、はたして避けることができるだろうか？　たしかに、私たちは見かけの産業文明を数年は長く維持できるだろうが、しかしそうなったらおそらく、もっと高いところから落下することになるだろう……。

研究を通して私たちは、徐々に包囲されている感覚を抱くようになった。さらに悪いことに、私たちが確認したのは、すべての「危機」がこれほどまで連結していたことと、なかの一つが引き金になって次々とほかに波及し、巨大な「ドミノ現象」を引き起こすことだった。これに気づいたときに抱いた印象は、まさにフラストレーションと茫然自失。氷におおわれた巨大な湖の真ん中を歩きながら、氷の層がだんだんと薄くなっていくときに感じる、背筋の凍るような感覚だった。そこで呆然と立ち止まり、状況の脆さを確認しているときに、まわりではほかの人たちが一斉に声を上げて叫んでいる。

「さあ、走ろう！　飛び上がろう！　スピードを上げよう！　止まってはいけない！」

しかし、気をつけよう。たとえニュースは破滅的でも、グローバルな経済システムは――〝まして〟熱工業文明や、地球システムでさえ――それでも崩壊しなかった。それは認めなければならないだろう。資本主義的経済システムは、危機を糧に成長してきたところさえある。それゆえ、崩壊を信じない人たちにこう言っても許されるだろう。疑念は残る、永遠にと。事実として、疑念は永続する（それはこれからも長く、崩壊したあとも残るだろう。しかしそれについては次の章で触れよう）。したがって、それらはすべて心理的、政治的、考古学的な問題にゆだね、9章と10章で触れることにしよう。

その前に、私たちは時間の問題に取り組まなければならない。すべては崩壊すると、言うはやすしだが、そのような事態が間近に迫っていることを示す指標をもっと示さなければならない。というのも結局、すべての文明はいずれ崩壊するからだ。そのことに私たち、現世代の私たちは、現にかかわっているのだろうか？

第2部

では、それはいつになるのか?

6章 未来学の難しさ

では、それはいつになるのだろう？　二〇二〇年？　二〇三〇年？　二一〇〇年？　そう急《せ》かさないでほしい、私たちはこの章で予想などはしない。正確にいつかを知ろうとすると難しいのは明らかだ。「崩壊の大事件」は時間的な展望が異なるものを含んでいる。金融のペースは海水面上昇のペースとは異なっている。金融業者が話題にするのは喫緊の危機だ。なぜなら、二〇〇八年の金融危機では何の教訓も得られなかったからだ。いっぽう、気候学者も現今の出来事を扱い、今後の見通しを立てるが、時間的なスパンは数年または数十年だ。

これから起こりうる未来を知るには、確かな事実から出発しなければならない。私たちは気候的な大惨事がすでに現実となり、今後さらに強まっていくのを見てきた。それと同じなのが、生物多様性の衰退であり、化学汚染、水と資源戦争、大規模な干魃《かんばつ》、大量の移民、テロリストの襲撃、流行病、金融危機、格差による社会の緊張……などだ。これらすべてが混乱を引き起こす種を含む（一部は非常に小さい）巨大なタンクを構成し、いつでもそれが引き金となって、世界の経済システム全体——高次に連結してロック・インされた——にドミノ現象を引き起こす可能性がある。科学者は、これら火薬に火をつける可能性のある小さな火種を「フェムト・リスク」と呼んでいる。由来は、引き起こされる影響に対して、原因は一見取るに足らないものからきている（フェムト＝一〇のマイナス一五倍＝一〇〇〇兆分の一）[259]。

しかし、大惨事は四〇年以上前（実際は経済学者トマス・ロバート・マルサスから！　一七九八年、『人口論』で人口の増加による危機を警告）から予告されているのに、それでもまだ緊急事態を信じることができるだろうか？　一九七〇年代には、多くの科学者が未来の予測を試みている。一部の科学者は、冒頭に引用したポール・エーリックが人口で予測したように[260]（二十一世紀半ばに一〇〇億人に達すると予想）、間違えたところもあるが、しかしほかは正しい見方をしていた。

たとえば、名著『沈黙の春』で殺虫剤の問題を提起したレイチェル・カーソン[261]、またイギリス人の気象学者ジョン・S・ソーヤーは一九七二年、科学雑誌『ネイチャー』に発表した記事で、二〇〇〇年までの気温差と大気中の二酸化炭素の増加を正確に計算していた[262]。

次から次に発表されるこれらの予言すべてを、どうして信じつづけられるだろう？　誰が信じるだろう？　民間シンクタンク、ローマ・クラブの警告（『成長の限界』）が発表されたのは一九七二年、そこで紹介された限界のモデル（詳しくは8章で）はいまも有効なのだが、しかし多くの人はいまだに信じていない。終末論的な予告に、人々はうんざりしてしまったのだろうか？　四〇年も待たされると、やはり長いのか……。

それでも、四〇年前と現在は時代的に非常に異なっている。約半世紀前の終末論は、「核の冬」

〔核戦争により、地球上に人為的に氷河期が発生するという内容〕の様相をおび、決して起こりえないものととらえられていた。恐怖は現実だったが（そしてサバイバリストの共同体が出現）、結局は何も起こらなかった。現在、気候や環境の大惨事は以前ほど注目を浴びないが、しかし現実に始まった。もう起こりえないことではなくなっている。

そのかわり、産業文明の崩壊が起こる可能性はますます確実に、現実的になっているのだが、それがいつになるかははっきりとわからない。未来を予測するために、科学者は分散したデータを基に知識を構築している。かつての千年王国の予言から、現代の核の冬に対する恐怖まで、私たちの社会が崩壊する予言は、これまでのところすべて外れた――グローバルな崩壊がなかったことは、誰もが確認できる。だとしたら、今度こそ間違えることはないと、どうして確約できるだろう？　答えは簡単、確約などできない。しかし、指標を手にすることはできる。

リスクの測定から直感まで

大惨事や二〇〇八年の金融危機のようなシステム的衝撃を避けるため、保険業者など一部の専門家は予想を試み、リスクの測定や管理のスキルを開発している。しかし、「結果やインパクトを決定づける要因は（……）複雑で、〔同時に〕あまり理解されていないものが多い」[263]。したがって前述のフェムト・リスクは、従来のリスク管理のスキルでは把握できない。結局のところ、企業のほとんどは、これらのリスクを評価するのに適した、十分な手段を明確には持ち合わせていないのである。

仮に運よく、これらのリスクをすべて特定できたとして、それらの評価と緩和にはある種の透明性と、機関や決定権者の責任の所在が必要だ。ところが、高次な複雑系システムでは、これを得るのがますます難しくなっている。というのも、意図しない結果や、未知の個人的行動がいちじるしく増えているからだ（これは国家や企業レベルでも認められる）。これがいわゆる「モラル・ハザード」〔個人が自己規律を失うこと〕で、リスクにさらされると、自分自身ではないように行動することだ。何かの要因が働いて自らの決定の責任逃れをするのだが、しかしより深刻なのは、平常時では理性的に見られるその行動が、取り返しのつかない集団的な失敗に導かれる可能性があることだ。

加えて最悪なのは、予測には乗り越えることのできない理論的な障壁があることだ。科学にはすべてを予測できるスキルがなく、これからも決してないと言えるだろう。というのも、そこには予測不可能な出来事があるからで、これが有名な「ブラック・スワン理論」[264]だ〔スワンは白い鳥だけと思われていたのが、黒いスワンが発見されたことから〕。哲学者で数学者、元トレーダーのナシーム・ニコラス・タレブが説明するように、従来のリスク評価の方法は、稀な出来事や、複雑系システムの動きを予測するのにはほとんど適していない。

それについては、イギリスの哲学者バートランド・ラッセル（一八七二―一九七〇）が考案し、タレブが引用した有名な「疑いのない七面鳥の問題」が見事に言い表わしている。七面鳥の飼育小屋では、すべてがよりよい世界になるよう事が進んでいく。飼育者は毎日エサを与えにきて、小屋はつねに暖かい。七面鳥は成長して、豊かな世界で生きている……クリスマスの前の日までは！　もしそのなかに、リスク管理を専門とする統計学者の七面鳥がいたら、十二月二十三日、仲間に向かってこう言うだろう。将来について心配することは何もないと……。

世界経済は二〇〇八年の金融危機を生き延びた。ここから推論できるのは二つ。システムはどんな衝撃にも耐えうるか、またはかなり弱体化したが、しかしいずれ崩壊するかしないかは証明できないということだ。

一九二一年、二人の経済学者、フランク・ナイト（一八八五―一九七二）とジョン・メイナード・ケインズ（一八八三―一九四六）が分別した理論によると、(265)「リスク」は測定可能であるのに対し、「不確実性」はそうではないということだ。不確実性はブラック・スワンの領域で、数量化できない。ガウス曲線〔統計学での正規曲線〕や、従来のリスク管理のスキルでは乗りきれないのである。いっぽう、それぞれの分野に分断されたリスクの専門家たちの見解は、「各自が取り組むリスクについていうと、私たちの将来がそれほど悲劇的になることはありえない(266)」となる。

ところで、私たちの社会は不確実性を好まない。社会の機能性は将来の出来事を予測できる能力に基づいており、不確実性は活動停止の口実に利用される。社会から予測能力がなくなると、私たちは方向がわからなくなり、本当のプロジェクトを考案する能力を失っていく。

では、ブラック・スワンにはどう対処したらいいのだろう？　次の「フクシマ」をどう「管理」したらいいのだろう？　じつはまったくのお手上げ状態なのである。そうなったらむしろ成り行きに任せ、「観察して分析し、指令して管理する」やり方から、「身をもって体験し、行動して感じとり、調整する」[267]やり方に変えなければならないだろう。理性を直感にゆだねるのだ。崩壊学ではしたがって、直感——確かな知識にはぐくまれた——がきわめて重要になるだろう。その意味で本書におさめられた情報は、客観的であっても、大規模な崩壊を予告する正式な証拠の類ではなく、あくまでみなさんの知識を増やし、そうして直感を磨き、最後に信念をもって行動するためのものである。

崩壊の矛盾

哲学者ジャン＝ピエール・デュピュイの考察は、崩壊の時間性を定義するのに大いに役立つだろう。二〇〇一年九月十一日の同時多発テロ後、先進国の人々の想像の世界で奇妙な現象が起きた。制止装置がカチッと外れたように、「そのとき以来、最悪の事態が可能になったと、あちこちで囁かれた」のだ。しかし、とジャン＝ピエール・デュピュイが続ける。「もしそれが可能〝になる〟としたら、以前はそうではなかったということだ。しかし、ボン・サンス（?・）〔正しく判断すること。?は原文のママ〕は反論する。それが発生したとしたら、それはまぎれもなく可能〝だった〟ということだ」。したがって、人は「不可能のなかに可能が侵入した」体験をしたことになる。それ以前は、少数の小説家の頭にしかなかったことが、以降、想像の世界から現実のものになったのだ。

同じ現象を芸術作品で確認したのは、ノーベル文学賞受賞の哲学者アンリ・ベルクソンだ。芸術作品がまだ存在していないとき、それは想像しえないものとなるからだ（それ以前に制作されていたものは別にして）。こうして、芸術作品においての「可能性」は作品と同時に発生する。

大惨事の時制についてデュピュイが説明するのは、この「逆の時間性」だ。芸術作品や大惨事は、「過去を顧みて」可能になるのである。「ここにこそ問題の根源がある。というのも、大惨事を予測しなければならないとなったら、それが発生する前にその可能性を信じる必要があるからだ[268]」。デュピュイにとっては、この関係性が大惨事の政策に対するおもな障壁になっている。

いっぽう、ドイツ出身の実存主義哲学者ハンス・ヨナス（一九〇三―九三）は一九七九年、この問題を解決するために、大惨事の可能性がある事案では「幸福の予言より、不幸の予言に耳を傾けたほうがいい[269]」と提言する。

同じ着想からデュピュイは、大惨事の不確実性を乗りきるために、ある立場――彼の言う賢明な破局論――を取るよう提案している。彼に言わせると、増大する脅威は運命やリスクとしてではなく、確信としてとらえるべきというものだ。確信があれば、それらをうまく避けることができる。「不幸は運命だが、しかし運命と言えるのは、人間が自らの行動の結果を知らないことについてだけだ。その意味で運命こそ、私たちが選択して離れることができるものだ[270]」。崩壊が確実なら、悲劇ではないのである。なぜならそう確信すれば、私たちは大惨事の結果を避ける可能性を開くことができるからである。
もう一つ、先のベルクソンが提起した興味深い時間性がある。それは破壊的な出来事がいったん起きると、その体験は大惨事ではなく、普通になるという事実だ。それについてデュピュイが述べている。

大惨事が恐ろしいのは、人が起こりうる理由をすべて把握していながら、まさか起こるとは信じていないうえ、いったん起きたら、普通の範疇のように思えるところだ。現実となったことで普通になる。現実になる前は可能と判断されていなかった。これを哲学の特殊言語で言うなら、ここに裁判なしで世界の「存在論的な動産」に統合されたことになる。(27)

したがって、崩壊は新しい正常状態になる可能性があり、徐々にその並外れた特性、つまり破壊的な性質を失っていくのだろう。それ以降、断言できるのは、私たちの文明の崩壊が正確に描かれるのはずっとあと、歴史家や考古学者の仕事によってということだ。そして確かなのは、後世の学者がこの出来事に与える解釈は一致しないということだ……。
最後の矛盾だ。仮に、崩壊の予告を早すぎる時期、つまりいま、それも権威筋から、たとえば国家元首の公式な演説を通して発表したら、市場（または国民）にパニックを引き起こし、それが原因で先に延ばそうとしていたことが早まる可能性がある。したがって、前倒しで理論的に行なう行為には、以下のような戦略的な問題が生じるだろう。パニックを引き起こさずに全体の準備ができるだろうか？　公に話すべきなのだろうか？　公表していいのだろうか？

　これらすべての矛盾や、ブラック・スワンの出現を正確に知るのが不可能なのはさておき、それでもその先に科学的なスキルはいくつか存在し、未来の有り様（したがって自然の未来）に関する指数を集めることができる。

7章　人は前兆信号を感知できるのか?

3章で見たように、複雑系システム、とくに生態系や気候システムは、急転直下で別の状態になる可能性がある。大型スイッチに圧力をどんどんかけていくと、突然カチッと外れるように、というのもすでに述べた。予測不能なこれらの急変は、決定権者や戦略の専門家の頭を悩ませることになる。というのも私たちの社会では、選択が行なわれるのは出来事を予想する能力に基づいているからだ。しかし、確固たる予見能力がなければ、金銭的、人間的、技術的投資を最適な場所、最適な瞬間にするのは難しい……。

そこで重要な問題は、その前に対策を立て、適時に対応できるよう、これら破壊的な変化の前兆信号を感知できるようにすることだろう。より正確には、転換閾に近づいているシステムで、「小さな火種」の元になる、最大の弱点を認知する方法を習得することだ。たとえば、地中海性気候の乾燥した牧草地では、植生が斑点のように不規則な形を呈してくると（上空から見て）、生態系が遠からず一変し、砂漠化が進んで、回復が難しいことを示している。[272] この前兆（early warning signals：早期の警告信号）に関する研究分野は現在、学問として飛躍的に発展している。

崩壊に向かうシステムの「ノイズ」

「破局の危機」にあるシステムで、最も頻繁に観察された特徴の一つは、小さなトラブルからの回復に、だんだんと時間がかかるようになるということだ。一つの衝撃のあと、回復する時間が長くなる、別の言い方をすると、レジリエンスが減少していくのだ。研究者はこれを「臨界減速」(critical slowing down)〔復帰に遅れが生じること〕と呼び、一連の一時的なデータ（自己矯正、不均衡、分散量など）をベースにした複雑な数学の指数で確認される。それによってシステムの脆弱性、つまり切迫した急変の可能性が明らかになるのである。

研究者は、生態系が崩壊したあとの現地で、過去の出来事を示す大量のデータ（環境変数）を回収し、分析する。一部の研究者は、これらの指標をテストするため、実験的に――研究室で――個体群の崩壊まで引き起こしている。こうして二〇一〇年、ジョージア州とサウスカロライナ州の大学の二人の研究者が、ミジンコ（動物プランクトン）の個体群を悪化していく条件下に置き（エサをどんどん減らして）、個体群崩壊の前兆信号を実際に観察した。個体群の力学的な臨界減速が現われたのは、なんと個体群崩壊の八世代前だった！[273]　以降、同様の実験結果は酵母、藍藻、水生の生態系などで観察されたのだが、つねに人工的に管理された条件下だった。[274]

二〇一四年、イギリスの気候学者チームが、ここ数百年のあいだに北大西洋海流〔すでに存在していない〕が消滅する前の前兆信号を特定した。この消滅が仮に現在起きていたら、私たちの気候は根源から変わったことだろう。[275] しかし、これらの信号が現在発生しているかどうか……研究者はいまだに正確に言及できないのも事実である。

こうして新しい指標が定期的に既存のリストに加わることで、破壊的な変化を予想する力は増している。たとえば気候に関しては、氷河期の最後に観察されたのは気温の変化で、「定まらず」に、〝ちらつき〟が見られ、その後急激に温暖期に向かったことが確認されている。[276] この微妙な指数は湖の生態系でも機能するのだが、[277] しかし、非常に信頼できる指数にもかかわらず（破壊的な変化を本当に予告する）、崩壊を避けるには遅すぎるときになってからしか現われない……。

とはいえ、いくら目的が実験でも、人が大規模な生態系や社会・生態システムを人工的に妨害することは不可能だろう。したがって研究者はいまのところ、自然や歴史の破壊的な変化を観察するにとどまり、これら指標の予測を実物大でテストすることはできないのである。

それでもこの方法は、システムが破綻するまでの間隔、つまりレジリエンス度に従ってランク付け[278]をするのに利用され、政策決定、とくに生物多様性の保護政策などできわめて役立っている。

研究分野としての前兆信号学は二〇一二年、連結するネットワークの専門家によって大きく前進し、混乱に陥った各種異なる複雑系ネットワークの動きの輪郭がわかりはじめている。[279] たとえば、花が咲き乱れる草原で、あらゆる花粉媒介種（ミツバチ、ハエ、チョウなど）と、受粉される植物種との関係からなる、巨大な風景画を想像してみよう。そこでは一部の花粉媒介種には専門があり（一種類の花）、ほかは全体を請け負っている（数種類の植物種に媒介）。この共済関係にある複雑系ネットワークは、妨害（たとえば殺虫剤が原因で一部の花粉媒介種が消滅する）に対して、構造的にきわめてレジリエンスがある。そのかわり、観察や実験、各種モデルで明らかになっているのは、これらのネットワークには目に見えない閾《いき》があり、それを超えてリスクを冒すと、急激に崩壊するおそれがあることだ。

より一般的には、複雑系システムは二つの要因にきわめて敏感なことが明らかになっている。それは構成する要素の不均一性と連結性である[280]（次ページ図8を参照）。不均一で分離可能なシステム（独立した部分からなり、連結性が弱い）は、衝撃に適応しながら受け入れていくだろう。被害は局部的な破綻にとどまり、しかし徐々に悪化していくだろう。対して、均一で高次に連結したシステムでは、最初は変化に抵抗するだろう。局部的な破綻はほかの要因との連結性のおかげで吸収されるからだ。しかし、もし妨害が長引いたら、ドミノ現象に陥り、破壊的に変化してしまうだろう。

事実、均一で連結したシステムには、一見レジリエンスがありそうだが、それは見かけだけ、その裏では秘かに弱体化が進んでいる。樫の木の森のように、非常に抵抗力のあるシステムでも、圧力がかかりすぎると崩壊する。逆に、不均一で分離可能なシステムにはレジリエンスがあり、折れそうになるが、しかし崩れない。葦のようにしなやかに適応する。

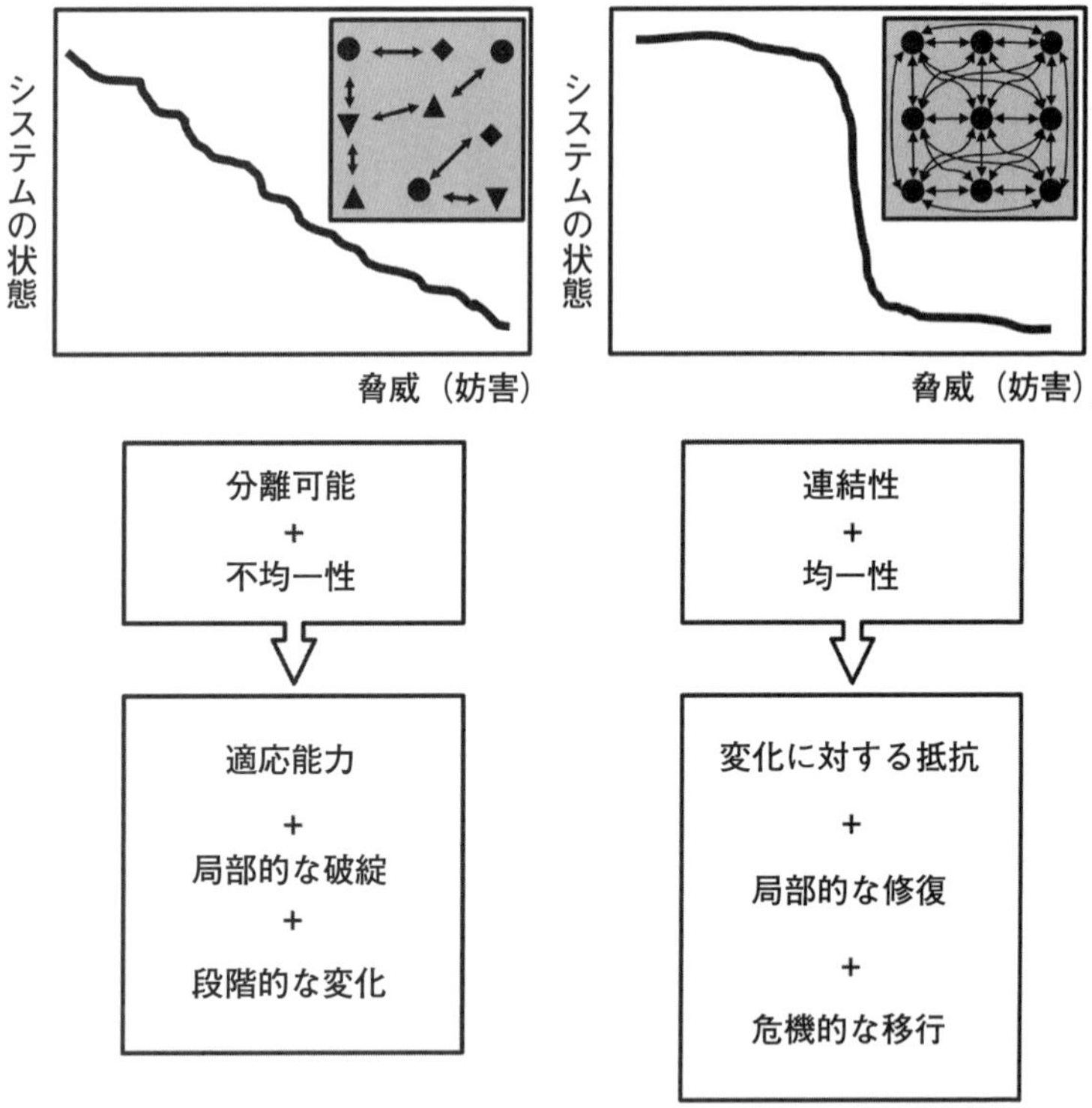

［図８］妨害に対する複雑系ネットワークの反応モデル
（出典：M. Scheffer et al., « Anticipating critical transitions », *Science*, vol. 338, n°6105, 2012, p. 344-348）

これら自然のシステムは実際、5章で見たように、人間のシステムと比較することができる。[281]この発見は非常に重要で、よりレジリエンスのある社会システムの概念、とくに金融や経済システムで役に立つ。しかし、理論としては助けになっても、信頼できる前兆信号を見つける前に、まだ乗り越えなければならない障壁が多く残っている。現在の指標では、社会システムが複雑すぎて急激な転換点を予想するには不十分なのである。

したがって現時点では、前兆信号を見出す試みが失敗しているか、コンセンサスに達していないと言わざるをえない。[282]もちろん、経済の基本から得た適切な指標はつねにあるが、それは「正常な」状態のときのもので、閾に近づくとなんであれ不可能になる。一部の専門家は、金融システムが後退する危機的な前兆を探ったものの、見つけることができなかった。そのかわり、ほかの指標を見つけたのだが、それはいまのところ一般には適用できないものだ。[283]要するに、金融危機にとって、前兆信号の研究は機能をより理解する助けにはなっても、まだ予測するまでにはなっていないのである。

つねに残る不確実性

いっぽう、科学の進歩がどんなに素晴らしくても、学問としては必ず認識論の限界にぶつかるだろう。[284]この一刻を争う競争で、私たちはつねに遅れている、[285]というのも前兆信号は、システムが急変するのを予告するだけのものではないからだ。

事態はもっと複雑で、前兆信号は、そのあと崩壊しなくても現われることがあれば、逆に、崩壊が前兆信号を出さずに発生することもある。また、システムは「ゆるやかに」、破壊的にならずに崩壊することもある。[286] したがって、ここでかかわってくるのはまさにシステム崩壊の「多様性」なのである。前兆信号で有効なものは「一般化」できても、「普遍的」ではないのだ。信号は崩壊の確信と同義語ではなく、可能性が強いという意味なのである。

結局のところ、これはとくに社会と金融システムに当てはまるのだが、信頼できるデータをリアルタイムで収集するのは、非常に難しいうえにコストがかかり、弱点になりうる要因すべてを特定するのは不可能ということだ。したがって私たちは現在のところ、大惨事の〝あとで〟しか対応できないと宣告されたようなものと言えるだろう。[287]

複雑系システム、たとえば地球システム（二〇一二年に科学雑誌『ネイチャー』で発表された研究と、3章の最後の引用を参照）にとって、グローバルな前兆信号があっても、「ガイア」（地球）の崩壊を予告するのは現時点では不可能で——年月日となるともっと予測不能だ。しかし、これらの研究のおかげで、私たちは過去の地質学的出来事を参照に、大惨事が起こりうることを認め、それが「可能と思える」能力を身につけた。

しかしここで要注意。先に述べた不確実性の存在は、脅威が弱まることでも、不安になる必要がないという意味でもない。逆に、前述した哲学者ジャン＝ピエール・デュピュイが提起する、「賢明な破局論」の政策に沿う重要な論拠となっている。急激な変化が確実であるように行動する、つまり現実とならないために全力を尽くすということだ。

実際、転換閾を予想するスキルは、私たちが境界を超え（3章を参照）、レッドゾーンに入っていることを明らかにするうえで非常に役に立っている。残念ながら時すでに遅く、元の安定した状態に戻そうと願っても無理なことが多いのだが……。その意味で、正確な日付の前に対処するというよりは、どんな未来が待っているかをわからせてくれるものと言えるだろう。したがって崩壊学では、すべてを予想できる状態ではないことを受け入れなければならない。この原則は両刃の剣である。いっぽうで、全体的な崩壊が差し迫っていることを確実に断言できない（体験する前に）。別の言い方をすれば、懐疑派はこれを根拠に反論することができる。他方で、科学者は私たちがすでに境界を大幅に超えていないことを保証できない。つまり、人類が現在、安定して安全な空間に生きていることを客観的に保証できない。だから、悲観的な人はつねに不安の種を抱えることになるだろう。

ではどうしたらいいのだろう？　二〇〇九年、イタリアのラクイラで起きた大地震で、科学者が潜在的な地震の可能性を明確に推計していなかったとして、裁判で有罪になったのを覚えているだろうか。大惨事は測定装置があったにもかかわらず起きてしまった。

また二〇〇八年の金融危機に先行する時期、洞察力の鋭い一部の評論家は警告を発していたのだが、誰も聞く耳を持たなかった。彼らは「直感で」切迫した危機の多くの信号をキャッチしていた。たとえば米国の不動産市場での投機的バブルや、伝統的にインフレヘッジとされる金《きん》の価格が突然高騰したことだ。しかし、彼らは発言を客観的、理論的に証明することができなかった。警告を発した側の直感にもかかわらず、測定する道具がなく大惨事が起きた。ではどうすればわかったのだろう？　そして誰が信じただろう？

　この場合はとくに、経済的な数字、または費用対効果の関係が証明できなければ、なんの警告にもならない。というのも「閾が遠くにあるかぎり、人は罰せられずに生態系をいじめても許される」からだ。それはコストもかからず、すべてが利益になる。そしてジャン＝ピエール・デュピュイが指摘したように、「危険な閾に近づいてはじめて、費用対効果の数字がおかしくなる。そのとき唯一重要になるのが、閾を超えないことだ。（……）ただし、そこに加えなければいけないのは、私たちはその閾がどこにあるのかさえ知らないということだ[288]」

　したがって私たちが知らないのは、科学的知識の積み重ねではなく、複雑系システムの特徴自体ということになる。別の言い方をすれば、不確実性の時代、頼りになるのは「直感」ということだ。

8章　未来のモデルは何を語る?

未来を探るもう一つの方法は、数学と情報科学によるモデルを利用することだ。未来を予測することはできないが、しかし私たちの社会やシステムの動向、変化に関する情報を与えてくれる。

私たちが取り上げたモデルは二つ。一つは「HANDY」(Human and Nature Dynamics：人間・自然関係力学の略。正式名は「人間・自然関係力学、社会の盛衰に関する不平等と資源使用のモデル化」)だ。これは二〇一四年はじめ、NASAが資金援助したことで大いに話題になった研究で、「文明の終焉が非常に近い」——一部のジャーナリストが誇張して書いた言葉——と予告する内容だった。もう一つは、現実のデータに対する批判や反論はあっても、四〇年後もなお正当な根拠があるとされるモデル「ワールド3」(World 3)で、こちらは有名な「メドウズ・モデル」または「ローマ・クラブ・レポート」のベースになったものだ。

オリジナル・モデル「HANDY」

数学者、社会学者、生態学者からなる学際的チームによって開発されたHANDYモデルは、生物物理学な抑圧を受けた架空の文明での人口動態をシミュレーションしたものだ[289]。これは過去に観察された崩壊の現象をよりよく理解し、未来においてそれを避けるための変化を探究する科学的実験だ。このモデルのオリジナリティは、経済的不平等のパラメータを統合しているところにある。

構成の基本となっているのは、一九二〇年代に数学者のアルフレッド・ロトカ（一八八〇—一九四九）とヴィト・ヴォルテラ（一八六〇—一九四〇）によって着想された方程式システムで、生態学で捕食者と被食者の個体群の連結性を描くのによく利用されている。大ざっぱに言うと、被食者が繁殖すると捕食者の個体群が繁栄し、それによって被食者の数が減少し、さらにそれによって捕食者の個体群が崩壊するというものだ。このサイクルは再び活性化する。なぜなら、捕食者が少なくなると、被食者は復活して急速に繁殖するからだ。こうして得られるのが、個体群の長期的な成長と衰退を示す一種の「ピストン工程」、二つの正弦曲線だ。

HANDYモデルでは、捕食者は人間の人口、被食者はその環境になる。しかし魚やオオカミと違って、人間はエサがなくても生きていける。つまり人間には、資源の限界で最大人口が決まるというマルサス（一七六六—一八三四）の人口論をうまく切り抜ける能力が備わっている。組織化された社会集団を作り、技術を使って生産し、余剰分を保存する能力などだ。おかげで人間は自然資源が多少枯渇しても、人口が体系的に衰退することはないのである。こうして、モデルをより現実的にするために、先の方程式に二つのパラメータが追加で導入された。蓄積された富の全体量と、それが少数の「エリート」層とその他大勢の「大衆」のあいだでどう分配されるかである。

研究では三つの集団のシナリオが探究された。一番目の（A）の仮説は、平等な社会から出発しており、そこにはエリートがいない（エリート＝〇）。二番目の（B）の仮説は公平な社会で、エリート層はいるが、しかし仕事による収入は非労働者層と労働者層で公平に分配される。最後の三番目（C）は不平等な社会の探究で、エリート層が「平民」を犠牲にして富を独占する社会だ。

シミュレーションに入る前に、研究者は各仮想社会での資源の消費率に変化をつけ、最も持続可能なものから急激な増加まで、四タイプのシナリオを考案している。（一）人口が環境との均衡に向かってゆるやかに近づく。（二）均衡に近づく前に混乱し、人口が不安定な動きを示す。（三）増加と崩壊の循環。そして（四）急激な増加のあと、取り返しのつかない崩壊に至る。

階級のない平等な社会（A）では、消費率が過剰にならないと、社会は均衡に達する（シナリオ一と二）。消費率が上昇すると、増加と衰退の循環に陥る（三）。そして最後、消費が持続すると、人口は増大し、そのあと取り返しのつかない方法で崩壊する（四）。この一連の結果で明らかなのは、平等・不平等に関係なく、自然資源に対する社会の「捕食」率が、〝それだけで〟崩壊の要因の一つになることだ。

ここに不平等のパラメータを加えてみよう。「公平」な社会、つまり少数の非労働者と大多数の労働者がいて、富がきちんと分配される社会では（B）、シナリオが均衡に達するのは、消費が弱く、成長が遅い場合だけである。消費も成長も加速すると、社会は簡単に残る三つのシナリオに陥っていく（混乱、衰退あるいは崩壊のサイクル）。

いっぽう、エリート層が富を独占する不平等な社会では（C）――これはむしろ私たちの世界の現実と一致する――モデルが示すのは、消費率に関係なく、崩壊を避けるのは難しいということだ。しかし、そこには微妙な違いがある。全体の消費率が弱いと――これは願ってもないことなのだが――エリート層は増長し、「大衆」を犠牲にして大量の資源を独占する。大衆は貧困と空腹で弱体化、仕事をする気力を十分にまかなえない。すると社会が従来どおり維持されなくなり、衰退に向かっていく。したがって、不平等で資源の消費が比較的地味な社会が崩壊するのは、資源ではなく、大衆の枯渇が原因になる。

別の言い方をすれば、人口のほうが資源より早く消滅するということだ。研究者によると、マヤ文明のケースがこの力学に当てはまり、人口が崩壊したあと自然が回復している。こうして、社会全体は「持続できる」としても、ごく一部のエリートの過剰な消費が衰退に導くのである。

同じく不平等な社会で資源を大量に消費するケースでは、結果は同じだが、力学的には逆になる。自然のほうが大衆より早く枯渇し、急激に、取り返しのつかない崩壊になる。この典型的なケースがイースター島やメソポタミア文明の崩壊で、自然環境は文明の崩壊後も枯渇したままとなる。

一般的にいって、ＨＡＮＤＹモデルが示しているのは、階級差の激しい社会は文明の崩壊を免れにくいということだ。これを避ける唯一の方法は、階級間の経済格差を減らし、人口が危機的レベルを超えないような措置を実施することだろう。

このモデルは、複雑な行動を比較的単純な数学的構造の助けを借りてモデル化する、オリジナルな試みである。単純すぎると言ってもいいだろう。というのも、人は世界を四つの方程式でモデル化などできないからだ。それでも、この研究は何かの発見に役立つスキルとして重要で、さらには警告にもなり、はなから一掃するのは間違いだろう。

フランス人ジャーナリストのエルヴェ・ケンプが、著書『金持ちが地球を破壊する』(290)で明らかにしたのもまた、格差と消費の切っても切れない関係だった。実際、経済格差が大きくなると、社会学で「虚栄的消費活動」と呼ばれる現象により、消費が全体的に加速していく。これを最初に言及したのが、アメリカ人社会学者のソースティン・ヴェブレン（一八五七―一九二九）だった。

つまり社会の各階級は、その上の階級に近づくために全力を尽くす（とくに消費して）傾向があるというものだ。貧困層は中間層に近づくために努力し、中間層は富裕層が身につけるものを着たいと望み、富裕層は自分たちが「超大金持ち」であるのを示すのに必死になる。この現象は非常に強く、結果として豊かな社会では、消費が個人のアイデンティティ構築と切り離せないものとなる。競争で身動きできなくなると、社会はこのような消費と資源の枯渇の悪循環に陥っていくのである。

HANDYモデルは、私たちの社会にかつてなく適合していると言えるだろう。なぜならこの社会は現在、資源を大量に消費する格差社会の症候をすべて示しているからだ。一九八〇年代以降、格差は文字どおり爆発的に拡大している。問題は現在、経済格差が私たちの社会にとってきわめて有害である証拠がそろっていることだ。

アメリカの経済学者でノーベル賞受賞者（二〇〇一年）のジョセフ・スティグリッツによると、格差は改革の意欲をそぎ、人々の信頼を根底から失わせてフラストレーションを高め、政治や行政に対する信頼をなし崩しにする。「民主主義そのものが危険にさらされている。現在のシステムは民主主義の原則『一人、一票』を『一ドル、一票』のルールに置き換えたようだ。（……）選挙での棄権が増え、それによってさらに富裕層の（彼らが投票する）公的機関への支配が強まっている」[291]

格差はまた健康にも有害だ。豊かさが手に届かなることへの不安やフラストレーション、怒り、不公平感は、犯罪率や平均寿命、精神疾患、幼児死亡率、アルコール消費量、肥満率、学業成績、社会的暴力……に重大な影響を及ぼしている。

これらの確認事実が資料や数字で見事に描かれているのが、疫学者のリチャード・ウィルキンソンとケイト・ピケットによる共著でベストセラーになった『平等社会――経済成長に代わる、次の目標[292]』である。先進工業国二三カ国のデータ（国連と世界銀行のデータ）を比較した著者は、ある国の健康指数の多くが悪化するのは、そのＧＤＰが下がったときではなく、格差レベルが拡大したときであるのを発見する。別の言い方をすると、格差は社会にとって有害であるだけでなく、平等であることが富裕層も含めて全員にとっていいということだ。

格差はまた、経済と政治も不安定に陥らせる。二十世紀最大の二つの危機――一九二九年の大恐慌と、二〇〇八年の株価大暴落――は、二つともそれに先行して格差が激しく拡大していた。イギリス人の金融・経済ジャーナリスト、スチュワート・ランズリーによると、少数のエリート階級に資本が集中すると、デフレを誘発するだけでなく、投機的バブルの引き金にもなって、経済のレジリエンスの低下を導き、金融崩壊のリスクが大きくなる[293]。衝撃が繰り返し続くと、信頼が損なわれ、とくに経済成長が減速して、これは格差の拡大にしか結びつかない。最悪なのは、経済格差は気候変動によっても増大することで、これによってより打撃を受けるのが最貧困国の住民だ[294]。そして、この格差の悪循環の行きつく先は、結局のところ、自己破壊でしかないのである。

フランス人経済学者トマ・ピケティに言わせると、これは資本主義の構造そのもの、まさに「ＤＮＡ」で、格差の増大を助長するという[295]。ピケティとそのチームは、入手可能な十八世紀からの税制古文書に基づいた、膨大な歴史的分析で、既成概念を痛烈に批判、経済成長によって生じる収入が一国の国民全体に利益をもたらすことは、断じてないと宣告する。実際、資本の収益率（ｒ）が経済成長（ｇ）よりも高いと、国の富はごく一部の金利生活者層に〝冷酷なまでに〟集中する。これはたんに機械的なものだ。この難問を避ける唯一の方法は、収入を公平に再分配する力のある、国家または国際的な制度を設置することだ。

しかし、民主主義がこのような奮起を蘇らせるには、並外れた条件が必要だ。ちなみに前世紀のあいだ、このような条件がそろったのは、二回の世界大戦後と、一九三〇年代の大恐慌時だけだった。強力な制度をもって強制的に管理できるようになるには、金融業界が下手に出るほど十分に弱体化しなければならないのである。このような制度が次々と設置されたのは戦争後の高度成長期（復興のため必然的に）のおかげで、現在の情勢はまったく違うぶん、よけいに難しいのである。

この角度で見ると、第二次世界大戦後の高度成長期「栄光の三〇年」は「歴史的な常軌の逸脱[296]」で、一九八〇年代以降の格差への逆戻りは、正常に戻ったと言えなくもない。たとえば米国では、格差のレベルは最近、一九二九年のレベルに達している[297]。

この歴史で最も気がかりなのは、社会を破綻させる悪影響の証拠がそろっているにもかかわらず、そしてそれを歴史から学んだにもかかわらず、懲りずに格差への回帰が観察されることだ。これは避けられない運命なのだろうか？　私たちは次の戦争を待つか、そうでなければ、文明の崩壊を宣告されているのだろうか？　なぜエリートは手をこまねいているのだろう？　この二つの破壊的な結果に苦しむのは彼らも同じはずなのに？

この問題に答えるために、ここで少しＨＡＮＤＹモデルに戻ってみよう。注目すべき点でとりわけ興味深いのは、格差社会が崩壊する二つのシナリオ（「大衆」の飢餓と自然資源の枯渇）

で、富の備えのあるエリート層は、衰退の最初の影響で〝ただちに〟苦しまないということだ。破壊的な影響を感じとるのは大半の人々のあとか、生態系が壊滅的に破壊されたあと、つまり遅すぎるのだ。「富裕層に対するこの『緩衝作用』で、エリート層は喫緊の大惨事にもかかわらず『平常どおりの業務』を続ける[298]」

加えて、社会の一部の人が警鐘を鳴らし――システムが急激に崩壊に向かっていることを示して――構造的な社会変化を奨励しているあいだ、エリート層とその一派は何も手を打たずにいる。崩壊以前の、表面上は持続可能だった長い軌道によって目くらまし状態になり、それを口実にするのである。

この二つのメカニズム（富裕層への緩衝効果と、豊かな過去の口実）が、それまで起きていた無数のロック・イン現象（4章を参照）に加わることで、歴史上で観察される崩壊の多くが、なぜ社会に対するエリート層の無自覚によって引き起こされたのかの説明になるだろう。HANDYモデルを開発した研究者によると、ローマ帝国とマヤ文明がこのケースに当てはまるのは明らかだ。

貧困国の大半と、先進国の住民の大半が、高まる格差と生活環境の破壊に苦しんでいる現在、メディアのあいだでは悲鳴に近い警戒の叫びがかつてなく高まっている。しかし、天変地異説に対する反論や、悪い知らせを伝える人への糾弾に妨害され、誰も本当とは認めていないのが現実だ。ところで一九七〇年代――有名なメドウズ・レポート――以降、二〇一四年のIPCC（気候変動に関する政府間パネル）第五次評価報告書まで、国連の世界自然保護基金や国連食糧農業機関から次々と発表される報告書のメッセージは、細部を除いてほとんど同じ。使われる動詞はもはや未来形ではなく、現在形である。

信頼性の高い、ワールド3（メドウズ・モデル）

「ワールド3」モデルは四〇年以上前の古いモデルである。世界で一二〇万部以上も売れたベストセラー『成長の限界――ローマ・クラブ「人類の危機」レポート』[299]のなかで紹介され、「ローマ・クラブ・レポート」の名前のほうがよく知られている。しかし、このレポートの主たるメッセージは、賛同者からもそうでない人たちからも、一貫してよく理解されてこなかった。かいつまんで言うとこうだ。もし私たちの世界に物理的な限界があるという原則（これは基本の仮説）から出発すると、私たちの熱工業文明の全体的な崩壊は、かなりの確率で二十一世紀前半に起こるだろう、ということだ。

一九六〇年代終わり、スイスの民間シンクタンク「ローマ・クラブ」[300]は、ＭＩＴ（マサチューセッツ工科大学、米国）の研究者に「世界」システムの長期的な変化の研究を依頼した。そのなかにいたのが、システムダイナミクスの生みの親ジェイ・フォレスター教授（一九一八―二〇一六）と彼の学生で、その学生のなかにデニス・メドウズ（一九四二―　）とドネラ・メドウズ（一九四一―二〇〇一）がいた。

当時は情報科学の草創期、彼らは、システムに関する情報科学のモデル（ワールド3）の設計を決意、世界のグローバルでおもなパラメータ間の相互関係を描くものを着想した。パラメータとして最も重要な六つは、人口、工業生産、サービス業生産、食糧生産、汚染と、再生不能資源のレベル。そしてそれをコンピューターに挿入した。

目的は、一五〇〇年にわたる世界システムの動きをシミュレーションすることで、ワールド3モデルに世界のリアルデータを入力し、「エンターキー」を押した。最初の結果は「標準」と呼ばれ、「平常どおりの業務」のシナリオと見なされるものだ。そこで明らかになったのは、私たちのシステムが極限まで不安定化していたことで、全体的な崩壊は二十一世紀中と描かれた（一五一ページの図9を参照）。

二〇一五年から二〇三〇年のあいだに、経済と農業生産は後退し、世紀末前に全体が崩壊、そのペースは第二次世界大戦後の指数関数的な成長よりも速かった。二〇三〇年からは、人口が「制御不能なほど」減少しはじめ、世紀末に最高時の約半分、約四〇億人になるというものだった（数字は概算。およその数字が与えられている）。

この結果に驚いた研究者は、システムの安定化に適応できるいくつかのシナリオに沿って、「解決法」をシミュレーションした。もし人類が有効な技術を開発したら、どうなるのだろう？　もし新しい資源を発見したら？　もし人口や工業生産を安定させたら？　農業の収穫高を増加させるか、あるいは汚染を制御できたら？　それを基に、研究者はモデルのパラメータを変え、二、三回のクリックですべてをテストした。「エンター、エンター、エンター」

残念ながら、代替シナリオのほぼすべてが崩壊に導かれ、最初の結果よりも壊滅的なものもあった。私たちの「世界」を安定させる唯一の方法、つまり「持続可能な」文明に行きつくには、これらの措置すべてを〝同時に〟、しかも一九八〇年代から始めることだった。一九九〇年代、報告書の改訂版で明らかになったのは、これらの限界（そして3章の意味での「境界」）は現に存在しており、私たちの文明はそれらに近づいているどころか（限界に関して）、超えようとしている（境界）ことだった。[301]

さらに断定的になったのは二〇〇四年の改訂版で、そこで明らかになったのは、一九七二年以降、「平常どおりの業務」[302]のシナリオを避けるための措置は何も施されていないことだった。それどころか逆に、一九六三年以降、世界の工業生産は二四年ごとに倍増していた。

二〇〇八年と二〇一二年、オーストラリア人の科学者グラハム・ターナーは、その前の四〇年間のリアルデータと各シナリオの比較に取り組み、どれが最も現実に近いかを探った。[303]結果は？　私たちの世界が向かっていたのは明らかに「平常どおりの業務」のシナリオ、つまり最悪のシナリオだった。そしてターナーはこう結論づけた。「これは明らかに非常ベルだ。私たちは持続可能の軌道上にはいない」

メドウズ・モデルは、発表当初から浴びた無数の激しい非難に耐えただけでなく、四〇年間の事実をもって確認されたのである。メドウズ・レポートのおもな結果は、未来を正確に予言することではない。また、反対論者が非難しがちな、「ゼロ成長」を奨励することでも、二〇〇〇年に石油時代が終わると予告することでもない。たんに、極限まで不安定化した私たちのシステム（なぜなら指数関数的に悪化するから）に警告を与えているだけである。モデルは、

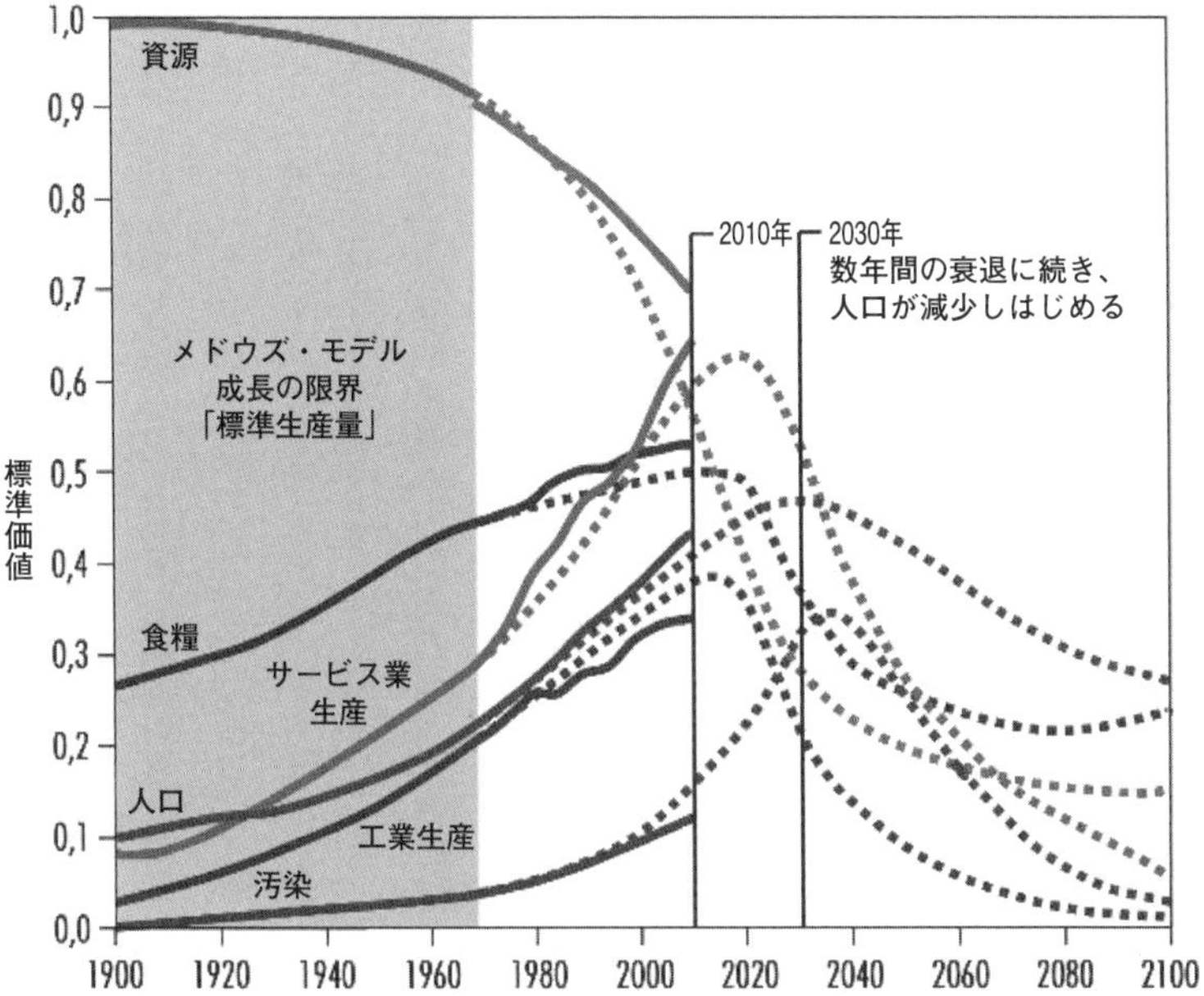

［図9］グラハム・M・ターナーによって改訂されたメドウズ・モデル「標準生産量」。
太線はリアルデータ、点線はモデル。

（出典：Graham M. Turner, « On the cusp of global collapse ? Updated comparison of *The Limits to Growth* with historical data », *GAIA-Ecological Perspectives for Science and Society*, vol. 21, n° 2, 2012, p. 116-124）

すべての危機が連結していることも、またシステム思考の力も、見事に示している。私たちは一つの問題、たとえばオイルピークや産児調節、汚染問題……を「解決」するだけで満足してはいけない。というのも結果として何も変わらないからだ。すべて同時に対処しなければいけないのである。

二〇〇四年の改訂版のあと、研究チームでも楽天的なドネラ・メドウズが好んで言っていたのは、ほんのわずかでも好機が残っているのなら、逃してはならないということだった。モデルが指摘していたのは、地球の負担能力の範囲内で経済と人口の均衡が維持できるようになるには、三つの条件を満たさなければならないということだった。

【条件1】 仮に人口を早急に安定化させることができ（一家族につき平均子供二人）、二〇四〇年の人口が七五億人になったとしたら（想定より五〇〇〇万人少ない）、経済と人口の全体的な崩壊を数年間延ばすことができるだろう。しかしそれで十分ではないだろう。「したがって、世界人口を安定化させただけでは崩壊を免れることはできず」、二つ目のギアが必要になる。

【条件2】 仮に世界の工業生産を二〇〇〇年度の二〇パーセント以下で安定化させ、その成果を公平に再配分したら、崩壊の時期をさらに数年間延ばせるだろう。しかしそれでも、汚染が蓄積されつづけており、生態系の再生能力が危機に瀕しているのが原因で、やはり崩壊を避けるには不十分だろう。したがって三つ目のギアが必要になる。

【条件3】 それに加えて、仮に技術面での効率が向上し、汚染や土地の荒廃が減少して農業の収穫高が増大したら、世界は安定し、二十一世紀末には人口八〇億人以下で十分によい生活（現在の生活に近い）ができるだろう。ただし、この均衡のシナリオは早急に実施しないかぎり手遅れになる。ところが、これらの結果が出たのは二〇〇四年……。正確な日付を言及するのは不可能だが、確かなのは、一年が過ぎるごとに残された政策幅が目に見えて減っていくことだ。

全体的な崩壊を避けるために残された好機は、どんどん狭められている。こうして、二〇一一―二〇一二年にヨーロッパを講演に訪れたデニス・メドウズは、かつてなく悲観的で、インタビューやモメンタム研究所〔フランスで脱炭素社会などをめざす研究機関〕に寄稿した記事で、繰り返しこう述べていた。「持続可能な開発をめざすにはもう遅すぎる。今後は衝撃に備え、早急にレジリエンスのある小規模なシステムを構築しなければならない(304)」

どうすればいいのだろう？　あなたの直感はなんと言っているだろう？　崩壊は二〇二〇年？二〇三〇年？　二一〇〇年？

第3部

崩壊学

破壊的大惨事は忌まわしい運命であり、私たちはそれを望まないと言うべきであり、だからこそ、決して目をそむけることなく、しっかり向き合わなければならない。

——ジャン＝ピエール・デュピュイ[305]

9章　モザイクのような世界の探究

本書の第1部と第2部で、私たちは工業文明の崩壊が切迫している可能性があることと、この運命は人類全体と生物圏の一部に起こりうることを明らかにした。しかし、物質的基盤や前兆信号を紹介するだけでは不十分だろう。なぜなら、それだけでは崩壊が「どのような形になるか」まったくわからないからだ。想像をふくらませて、すぐに映画『マッドマックス』〔近未来でのアクション映画〕や『デイ・アフター・トゥモロー』〔地球温暖化によって人々が混乱するパニック映画〕、『ワールド・ウォーZ』〔人間を凶暴化させる未知のウイルス〕のシーンに置きかえることのないよう、この現象に少しでも立体感を与えるにはどうしたらいいのだろう？

正しくはどんな学問か？

まさにこのテーマに関するボキャブラリーが貧弱だからだろう。崩壊という単語だけが一人歩きし、私たちそれぞれの頭のなかで勝手に「爆発」して、微妙な部分が入り込むすきが奪われている。「雪」を意味する表現が一〇〇種類もあるイヌイット語のように、私たちの文明が待ち受ける複雑なプロセスの輪郭がわかるよう、新しい単語を創案する必要があるだろう。

言語学的な視点で「崩壊」が意味するのは、破壊して壊す（十二世紀）、動物の内臓を取り出す（十四世紀）、土地を深く掘り起こす（十八世紀）あるいは土地が崩れる（十八世紀）、さらには価格の暴落（十九世紀）や失望に耐える（十九世紀）行為などをあげることができる[306]。現在、とくに使われるのは、ある構造や帝国、株式市場、人の心理状態が倒壊または消滅する意味だ。

いっぽう、歴史家や考古学者のあいだでは、この言葉は王国や帝国、国家、国民、社会、文明の失墜（比較的急激な）、または衰退（比較的緩やかな）に使われている。前述の生物地理学者ジャレド・ダイアモンドによる定義――広く認められている――では、崩壊による影響は、たとえば「人口と、または政治・経済・社会の複雑な仕組みが、広範囲にわたり、かなり長期的に、根底から縮小する[307]」と描かれている。

いっぽう、冒頭に引用したモメンタム研究所代表のイヴ・コシェの定義は、考古学者にはあまり役に立たないだろうが、しかし私たちの時代にはよりぴったりくる。「その結果として、人口の大半に法的な枠組で供給される生活必需品（水、食糧、住居、衣服、エネルギーなど）が、最終的に供給されなくなるプロセス」だ。

「工業文明の崩壊」という表現には、深刻な響きがある――少なくとも英語の「collapse：コラプス」よりは――。というのも、決まりきったイメージが三つ浮かび上がるからだ。一つは、法体系や社会秩序を保証する大規模な制度が終焉し、それによって現代人（そして自由人）は必然的に野蛮人に戻るというイメージ。二つ目は、崩壊のあとにくるのは想像もつかないほどの大きな喪失感で、黙示録のような宗教的イメージで身動きできなくなる。三つ目は、それは比較的短い瞬間で、ギロチンの刃が社会全体に落ちるような突然の出来事であり、〝後世になって〟日付が確定できるようなもの、ということだ。

ところで、一部の人類学者の研究によると、政府や国家が不在でも、人は必ずしも野蛮人には戻らず、[308]むしろ逆が多いことがわかっている。[309]さらに、崩壊のあとにくるのが世界の終わりでないことも、多くの歴史が証明している。最後に、それは一般に数年から数十年続き、さらに文明全体の場合は数世紀続くこともあり、正確に日付を定めるのは難しいということだ。

こうして、アメリカ人の科学史家ナオミ・オレスケスとエリック・コンウェイは、未来についての共著『こうして、世界は終わる[310]』で、私たちがこうむるはずの崩壊を二十一世紀末の歴史家の視点で描いている。この本で歴史家が「暗黒の時代」の始まりと決めたのは一九八八年、ＩＰＣＣが創設された年である。実際、「タイタニック号」の沈没は、本当は氷山の警告が発せられたときから始まったのではないだろうか？

私たちは「危機」という言葉をなるべく使わないようにした。一時的状況の意味合いが強いからだ。危機には、平常に戻る可能性の希望がまだあり、したがって、経済や政治のエリートには威嚇《いかく》ととらえられ、「平常時」には決して許されない政策を国民に強いることになる。危機には、緊急事態と思わせつつ、継続も想像させるという矛盾がある。

ボキャブラリーとして興味深いのは、非常に困難な状況を示すのに「問題」という単語しか思い浮かばないことだ。問題が起きた場合、私たちは状況を分析し、解決法（技術的なことが多い）を探して、それを適用すれば、問題が消えることを知っている。危機と同じように、問題は局部的で、元に戻すことができる。

しかし、崩壊の考えをよりよく描けるのは、むしろ「窮地」という言葉ではないだろうか？「窮地」が意味するのは、入り組んで抜け出せず、複雑で取り返しのつかない状況で、そのための解決法はなく、適応できる措置を取るだけである。それは不治の病気も同じで、「解決法」がないため、「共存」して生きる道――そう容易ではない――をたどるしかない[311]。「窮地」に直面したら、やるべきことはあっても、解決法はないのである。

また、私たちは「脱成長」という言葉も使わなかった。というのも、崩壊を〝避ける〟ことだけを目的とする、主意主義的な政策プログラム（粗食や共生など）は、歴史的に見て現実味があまりないからだ[312]。この「（粗食の）誓い」から垣間見えるのは、私たちの物質やエネルギー消費を、強い意志で自制し段階的に減らしていくことで、これについてはあとで述べるが、さほど現実的ではない。脱成長と違って、崩壊の概念には、徹底的に自制しなくてもいい未来を考える可能性が含まれている……。

いっぽう、大惨事の集中を楽観的な婉曲語法で描き、現代の産業世界を受け継ぐ世界として強調するケースも多い。たとえばフランスの哲学者で社会学者エドガール・モランの「変貌」、生物学者アルベール・ジャカールの「突然変異」、あるいは、イギリスでパーマカルチャーや自然建築の教師をしていたロブ・ホプキンスが提唱する「トランジション」などだ。

これらの表現は、一般人の熱意をかき立て、世紀末や虚無主義的ではない未来を想像するのに非常に貴重だが、しかし緊迫感や苦しみ、死、社会の緊張、地政学的な紛争といった、負の部分をあまりに無視している。それでも私たちは、「崩壊の政策」の枠組でなら、喜んで使うことにしよう。つまり、事実を述べるだけでは不十分で、そこに希望なり、なんらかの主意主義が必要なケースである（10章を参照）。

過去の文明は何を教えてくれるのか？

私たちに先行したすべての文明は、どんなに繁栄していても、衰退や崩壊の憂き目にあった。なかには復活した文明もあれば、そうでないものもあるが、衰退に至った原因は何百年も前から侃々《かんかん》諤々《がくがく》議論されてきた。

十四世紀のアラブ人歴史家で哲学者のイブン・ハルドゥーン（一三三二―一四〇六）は、文明の発展と衰退が継続する時期を、初めて一貫した理論として結びつけたことで知られている[313]。十八世紀には、フランスの哲学者モンテスキュー[314]（一六八九―一七五五）や、イギリスの歴史家エドワード・ギボン[315]（一七三七―九四）が、ローマ帝国の栄華と衰微の詳細に関心を抱いていた。二十世紀初頭になると、前世紀に発達した考古学を受け、ドイツの歴史学者オスヴァルト・シュペングラー[316]（一八八〇―一九三六）や、イギリスの歴史学者アーノルド・トインビー[317]

（一八八九―一九七五）もまた文明の「普遍的な歴史」に挑戦、学術界では議論の的になったにもかかわらず、テーマが普及するのに大いに貢献した。

フランスでは一九二九年以降、現代歴史学の潮流の一つ「アナール学派」が、過去に繰り返された要因や確認事項に注目、多元的なアプローチと学際的な方法の発展で大きな影響を与えた。現在に至っては、ベストセラー作家のジャレド・ダイアモンドやジョセフ・テインター〔アメリカ人歴史家、人類学者〕、ピーター・ターチン[318]〔アメリカ人生態学者、進化生物学者、数学者、歴史分析者〕、あるいはブライアン・ウォード＝パーキンズ[319]〔イギリス人考古学者、歴史学者〕らが、それぞれ異なる視点での解釈や仮説を証言している。しかし、おそらくは「科学的な慎重さ」からだろう、ほとんどが一致して語るのは、これら歴史や考古学の知識からは、私たちの文明が崩壊する可能性はなんであれ推測できない、ということだ。私たちは、この項で、慎重さを「少し吹き払う」ことにしよう……。

崩壊の原因は、習慣的に二つのカテゴリーに分けられる。一つは社会そのものから生じる内因性の原因で、経済、政治、社会秩序の不安定化など。もう一つは、外部からの破壊的な出来事がからむ外因性の原因で、急激な気候変動、地震、津波、外国からの侵略などがある。

最初のジャレド・ダイアモンドは、彼が研究した社会が崩壊した要因を五つ――繰り返しと相乗効果も多い――認定した。（一）環境の悪化や資源の枯渇、（二）気候変動、（三）戦争、（四）貿易相手を突然に失う、そして（五）環境問題に対する社会の（悪い）対応だ。彼によると、偉大な都市国家が崩壊したおもな要因は、生態系の条件で説明できるそうで、九世紀初頭のマヤ文明や、十一世紀のバイキング、あるいは十八世紀のイースター島がそうだ。

しかし、これら生態系の原因を、たんなる外因性の要因として片付けるのは間違いだろう。なぜなら彼が明確に述べているのは（しかし彼だけではない）、すべての崩壊に共通する唯一の要因はまさに五番目、社会秩序だからである。制度の機能不全、イデオロギー上の盲信、格差のレベル（8章を参照）、そしてとくに社会の無能力——とりわけエリート層——で、大惨事になる可能性を秘めた出来事に適切に対処できないこと、などだ。

ジャレド・ダイアモンドは著書の最後で、「社会」が悪い決断をするに至った理由について自問。そうして人間の集団が大惨事に見舞われるいくつかの理由をあげている。先行して対処できない、原因が感知できない、「問題を解決する」試みに失敗する、あるいはたんに知識の範囲内で対応できる「解決法」がない、などである。

事実、この五番目の要因は社会の弱点に拍車をかけ（レジリエンス不足）、通常時なら問題なく受け入れる混乱にまで敏感な社会にしてしまう。これに刺激を受けたのか、ドイツ系アメリカ人考古学者で地理学者のカール・W・ブッァー（一九三四―二〇一六）は晩年、新しい分類法を提唱、崩壊の「前提条件」（社会を弱体化させるもの）と、「引き金」（不安定化させる衝撃など）を区別している。(320)

それによると、前提条件は内因性が多く（エリート層の無能力または汚職、農業生産高の減少、貧困、自然資源の減少など）、社会のレジリエンスを低下させ、「衰退」の要因となる。いっぽう、引き金はより急激で、外因性が多く（異常気象、侵略、資源の枯渇、経済危機など）、その前に「絶好な」前提条件があれば「崩壊」を引き起こす。別の言い方をすると、一般に「自然」災害と言われるものは、人的活動と決して無縁ではないのである。[321]

次のジョセフ・テインターは、この政治的機能不全の考えに熱力学的な要因を加えて補充し、社会政治的な制度の複雑さが増すにつれ、「代謝コスト」が高くなることを確認している。つまり、物質やエネルギーの需要が高まって、エントロピー〔利用されない熱エネルギー量〕が低下するということだ。実際、偉大な文明はエントロピー〔熱資源〕の罠にはまり、それを逃れるのはほとんど不可能になる。

アメリカ人政治学者ウィリアム・オフルズの言葉を借りると、「資源やエネルギーの使用可能な量が、複雑系レベルを維持するのに足りなくなったら、文明は未来からそれを借りて焼きつくし、過去を糧にしはじめて、そうして内破が起こりうる道の素地を作る[322]」。その結果として、社会が長期にわたって「単純化」、そのいい例が、ヨーロッパでローマ帝国が崩壊したあとの中世だった。その間、経済的、職業的な専門化は低調、中央の管理はゆるみ、個人と集団間の情報の流れは減少して、領土間の貿易や専門化もふるわなかった。

この現象を一般化したのが、歴史家のピーター・ターチンとロジア人セルゲイ・ネフェドフで、現世の歴史を経済的な（エネルギーも）余剰と欠乏の段階が継続して起こるように描いている（そしてモデル化）。つまり、構造的な飛躍と衰退の「サイクル」に似ているのだ。たとえばイギリスの中世（プランタジネット朝のサイクル）と現代以前（テューダー朝・ステュアート朝のサイクル）、フランスの中世（カペー朝のサイクル）、なかでも古代ローマ（共和政のサイクル）など、すべてが拡張と停滞、危機、衰退の段階を経過している[323]。
このような歴史的、考古学的研究は精鋭化するいっぽうで、それを証明するのが、先のブッァーが提唱した統合法だろう。崩壊の原因となる一つまたは複数の要因を認定するというよりはむしろ、古文書発見法という新しい枠組で、社会的・経済的局面と生態系の相互関係の研究を深めていくものだ[324]。これらからどんな教訓を引き出せるのだろうか？

■現在に関しては？

まず最初に、現在の世界にはダイアモンドが認定した五つの警告の兆候のうち三つがあることを確認しておこう。環境の悪化、気候変動、そしてとくに社会的・政治的機能不全（ロック・イン現象、格差の驚くべき広がりに対するエリート層の無分別など）である。いっぽう熱工業文明については、関係するのは世界人口の一部だけだが、テインターによると、〝それ以上に〟崩壊に特有の前兆を示している。大量のエネルギーを消費して増長する複雑系（5章を参照）と、脱成長の段階（2章を参照）が連動していることだ。

しかし、私たちの状況は過去の文明とは三つの点で異なり、まったく新しい状況になっている。まず特徴的なのが、現在の工業文明とそれに対する脅威（気候、状況の悪化、資源不足、システム的なリスクなど）がグローバル化している点。次いで多くの「前提条件」と「引き金」に同時性がある点。最後が、これらすべての要因が相互関係（そして自己補強）になりうる点である[325]。したがって現在、脅威は私たちの力と比例して大きくなっており、崩壊の「高度」は私たちがどこまで「大地を離れて」いられるか、その驚異的な能力で測定できるだろう。

人はどのように落下するか?

答えは明らかだ。時間においても、空間においても、均一的でないことは確実である。この力学を理解するために、ここにいくつかのモデルを紹介しよう。

■崩壊のさまざまな段階

ロシア系アメリカ人でエンジニアのドミートリー・オルロフは、旧ソ連邦の崩壊を、米国の崩壊——彼によると切迫しており避けられない——と比較する研究で有名になった。[326] その彼は最近、新しい理論の枠組を提唱、そのなかで崩壊は五段階[327]に分解できるとしている。増大する深刻度の順に、金融、経済、政治、社会、文化である。各段階で、崩壊がそこで止まるか、またはより深刻になって次の段階に進み、一種の崩壊のスパイラルに陥っていく。

たとえば、ソ連邦は第三段階(政治の崩壊)に達したことで深部の変質をもたらしたのだが、しかしロシア社会の消滅には至らなかった。このオルロフの「五段階説」のおかげで、崩壊の段階的な変動がわかるようになったのだが、それは物の性質や多様な尺度からみて、地震のマグニチュードを示す「リヒター・スケール」〔アメリカの大地震学者の名前から〕と似ていると言えるだろう。

金融の崩壊が発生するのは、「頼みの綱である『平常どおりの業務』の希望が消える。リスクの算定はもうできず、金融資産ももう保証されない。金融機関は支払い不能、貯蓄は無となり、資本へのアクセスも失われる」ときだ。銀行の預金口座、貸付金、投資、保険、年金基金ともサヨウナラ！　それが二〇〇一年、アルゼンチンで起きたケースで、信頼も貨幣価値も一瞬にして吹き飛ぶことになる。銀行は追って通知があるまで閉鎖され、政府は暴動を避けるために緊急措置（国営化、量的金融緩和、社会扶助など）を実施する。この場合、オルロフが提案するのは、お金が少しまたはゼロでも生きる方法を身につけるほうがいい……。

経済の崩壊が始まるのは、「頼みの綱である『市場がなんとかしてくれる』希望が消える。商品は山積みとなり、供給チェーンは断絶される。必需品の全体的な欠乏が通常になる」ときだ。貿易取引と情報の量や多様性は決定的に減少し、経済は徐々に「複雑ではなくなっていく」。それが一九九〇年代、キューバで起きたケースで、輸入は落ち込み、商業施設は商品がなくて閉鎖に追い込まれる。物質的な豊かさはもうなくなり、非公式経済が爆発的に発展する。物々交換、あらゆる種類の修理業、リサイクル、古道具商などだ。進行中の事態を制御するため、政府は市場の調整を試み、価格管理や配給政策を取り入れる。この場合、手持ちの資金で、家族や共同体の基本の必需品をまかなう術を身につけるほうがいいだろう……。

政治の崩壊が発生するのは、「頼みの綱である『政府が面倒を見てくれる』希望が消える。政府の経済政策はことごとく失敗。政治家階級が合法性と正当性を失う」ときである。これは「構造破壊」のプロセスだ。政府は秩序の維持を引き合いに、外出禁止令や戒厳令を発令する。

旧ソ連のケースのように、地方では、かつては行政によって保障されていたサービスに代わって買収行為がはびこる。公的サービスはもう確保されず、道路は荒れ放題、ゴミも収集されない、などだ。オルロフによると、米国と先進国の大半にとって、いまや最初の三段階は避けられないものとなっている。

社会の崩壊が発生するのは、「頼みの綱である『あなたの仲間が面倒を見てくれる』希望が消える。地方で権力の穴を埋めてくれるはずの社会機関は、慈善団体であれほかの集団であれ、資金を使い果たして破綻するか、内紛で頓挫する」ときである。こうなると人は氏族で固まり、内戦や「自己中心」の世界に突入する。この段階で、「人口は減少」に転じ、紛争、人の移動、栄養不良、流行病などが蔓延する。したがって、まだ信頼で結ばれた小さな共同体に属し、助け合いを基本にするほうがいいだろう。

文化の崩壊が発生するのは、「人の善意への信仰が失われ、人々が元来の優しさ、寛大さ、配慮、愛情、誠実さ、もてなしの心、思いやり、慈悲心を失ってしまう」ときである。この状況になると、人が他人と一心同体になるのがますます難しくなり、感情移入の能力を失って、一般に言われるところの「人間味」を失っていくときである。残念ながら、人類・社会科学はこの特別な状況をほとんど研究していない。

最近になって、オルロフは六段階目を追加、この最後の段階は生態系の崩壊で、[328]生態系が枯渇した社会の再生は、不可能とは言わないまでも、可能性は非常に低いとされている（本章の最後を参照）。

■時間を通して

社会・生態系システム（自然と人間の相互関係）の観察で明らかになるのは、どんな生物も実際は安定も、均衡もしていないということだ。複雑系システムはむしろ、循環力学に従っているといえるだろう。

一九七〇年代、生態系のレジリエンスを研究していた、カナダの生態学者C・S・ホリングとL・H・ガンダーソンによって開発された適応（と支配）サイクル理論によると、[329]すべてのシステムは四段階のサイクルを経過する。システムが物質とエネルギーを蓄積する「成長の段階」（Γ《ガンマ》）、システムがますます連結して硬直し、したがって弱くなる「保全の段階」（K《カッパ》）、「崩壊または『衰え』の段階」（Ω《オメガ》）、次いで別の成長段階に導く（非常に異なる条件下でのことが多い）「急激な再編成の段階」（α《アルファ》）だ。

現在の社会・経済システムは、仮にこのモデルで分析すれば、成長の段階を終え（1章を参照）、保全の段階にいるのだろう。弱体化が加速した特徴が見られ（2章と3章）、その原因は連結が強まったことと（5章）、システムの硬直化（4章）にあるからだ。

いっぽう、サイクル的なモデルから離れ、一部の研究者は崩壊の段階特有の力学の研究に専念し、しつこくつきまとう問題に答えようとしている。それはどのくらい続くのだろうか？　だ。先述の物理学者でアナリストのデイヴィッド・コロウィッツによると、この段階は理論的に三つの軌道を取るという。線形の衰退か振動形の衰退、またはシステム的な崩壊である。[330]

線形の衰退モデルでは、経済的現象はそれぞれの原因に比例して対応する。これは非現実的な仮説とも言え、たとえば、石油の消費とGDPの密な関係は、ピークオイルのあとも変わらないことになる。その場合、経済は段階的に、制御できる範囲で低成長になり、大規模な移行――私たちの行動を根本的に変え、再生可能エネルギーに向かう社会の構築――の可能性、とくに時間が残される。これは脱成長派や「トランジション派」が描く最も楽天的なシナリオに通じるものだ（10章を参照）。

振動形の衰退モデルでは、経済活動においては振興のピークと後退とが交互に訪れ、しかし全体的に衰退に向かう傾向がある。このタイプの力学は原油価格のケースで見られ、価格が高騰すると経済は後退に入り、それによって原油価格が下落すると経済は再浮上したかに見えるが、それも原油価格が再び高騰するまでである。経済が後退するたびに、システムが再浮上する能力が損なわれ、そうしてレジリエンスを徐々に失っていく。債務がふくらみ、化石燃料や再生可能エネルギーを開発するための投資も先細りになる。このモデルは、アメリカ人未来学作家ジョン・マイケル・グリアが提案した「カタボリズム＝異化作用」的崩壊に通じ（その緩慢さで）[331]、最初のモデルよりはよほど現実的で、社会が順応するための十分な活動幅が残っている。これが現在、私たちのいちばんの希望で、あとは私たちが実施〝しようとしている〟対応策しだいである。

複雑系システムやネットワーク力学の正確な研究をベースにした**システム的な崩壊**は、3章と5章ですでに述べたように[332]、高次の複雑系システムで行動する私たちの文明とも考えられる。しかし、目に見えない転換点を超えることに加えて、小さな混乱が次々と起これば、それによってもたらされる変化は計り知れず、その規模の大きさに前もって対応するのは実質的に不可能。因果関係は非線形になるだろう。

　というのも、システムは無数のフィードバックの輪がからみ合っているからだ。このタイプの力学の結果に、知的に――おそらく物質的にも――対応するのは難しい。グローバル化した経済システムを徐々に縮小して制御しつつ、暴動を抑えるために生活レベルも維持しなければならないからである。別の言い方をすると、このモデルが予告しているのは、初期の段階で気づかずに閾《いき》を超えてしまうことだ。しかし、そのあとの結果は非線形かつ急激で、穏やかな振動形でも、現在の経済システムを抑制した平穏な脱成長型でもない。

空間を通して

　私たちの工業文明の中心をなすのは、高度に技術化して複雑化した社会で、農民階級は人口の数パーセントに激減、伝統的なノウハウや社会への適応力は完全に消滅している。これは先進工業国すべてにあてはまるのだが、例外的に「進歩」に取り残された地域がある。たとえば、東ヨーロッパや南ヨーロッパ、ラテンアメリカの一部の「辺境地」がそうで、いまもなお農民階級が残っている。これらは「半周辺地域」とも呼ばれている、世界システム(333)の影響がまだ全体に及んでいない地域だ。

　それとは別に、「現代的な」世界の周辺に、「開発の道」から多少なりとも免れた地域があり、そこでは共同体からなる伝統的なシステムが保持されている。それらの地域が「集団で行動する方法を、驚くべきレベルで維持してきたのは[334]、三つの理由による。小さな集団のままでいたこと、「中心」の国家と見なされることから距離を置いてきたこと、そして基本の価値観を維持するための創造性にあふれていたことだ。文明や帝国の崩壊で特徴的なのは、最初に周辺地域の支配力を失うことだ。それによって帝国の中心が必要とする資源が減少し、崩壊に追いやられるのである。

このように世界を同心円で描くと役に立ちそうなのは、すでに見てきたように、崩壊で最も深刻な影響を受けるのを工業世界の「中心」と見なすときだ。たとえば、ザンビアやマラウイでアグロエコロジー〔工業化された農業に対する代替〕を実行している共同体は、二〇〇八年の金融危機で発生した食糧危機の影響をあまり受けなかった。というのも、世界の工業システムに連結していなかったからで[335]、飢饉による暴動もなかった。対して、先進工業国は、食糧に関してはほとんど自立していない。ちなみにイギリスは、可耕地での生産は人口が必要とする食糧の五〇パーセントしかまかなっていない[336]。

したがって、崩壊が突然に起こると、世界秩序が逆転する可能性がある。現在の世界システムの周辺と半周辺地域のほうによりレジリエンスがあるのは、経済やエネルギーの衝撃が少ないからだけではない（気候の衝撃には要注意）。とくに、システムの代替を作りだすのに欠かせない自立した空間、社会の変化にダイナミックに対応する空間を構成しているからだ。だとしたら、文明の「再活性化の中核」となるのは、現在「後進国」と見なされている国または地域なのだろうか？

首まで……はまり込んでいる？

■短期の故障のあと、システムを再始動させられるのか？

　ここで誰もが想像するのは、すべてが止まり、債務を帳消しにして、新しい基盤の元で再出発することだろう。金融システムにとって、これ以上健全なことはない。しかし、経済システムにとっては、工業用のインフラや生産ラインがよりおぼつかなくなるのは確実だろう。理由は簡単、「システムが錆びて、荒廃する」[337]からだ。再始動は容易ではない。たとえば、二〇〇八年の金融危機のさい、ドイツは輸送業界が大幅な営業縮小を強いられた。列車や機関車は臨時運休し、一年後、再開の決断が下されたとき、多くの備品が劣化しており、大規模でコストのかかる修理が必要だった[338]。

　私たちの社会は、突然で比較的短期の断絶（食糧、エネルギー、輸送など）には耐えられるレジリエンスがある。しかし、断絶が長くなりすぎると（数日から数週間）、ある瞬間から取り返しがつかなくなる。生産のインフラで無秩序な崩壊が進み、それが重大になりすぎる瞬間だ。心臓発作と同じで、一分経つごとに「正常に戻る」可能性が遠のいていくのである。

　この「再起動」（リブート）作用は、緊急な状況では、その場にいる当事者が目前の懸案事項に集中するあまり、未来への投資を犠牲にすれば、よけいに影響が大きくなる。加えて、緊急事態が次々と起こることで、各機関や担当者の適応能力（レジリエンス）が徐々に低下し、組織立った「再浮上」がますます難しくなる。そうなると最も貧困化し、弱体化するのが国民で、もはや「セーフティ・ネット」——たとえば大惨事のコストを保証してくれる保険証書など——も、また、食糧再配分のためのグローバル化した経済も頼りにできなくなるだろう。「危機」や大惨事が起こるほど、「機械」を簡単に再始動させられなくなるだろう。

さらに深刻なのは、停電が長期化し、それと連動して石油の供給が中断すると、原子力発電所の緊急停止手続きに支障をきたす可能性があることだ。なぜなら——改めて言わなければならない——原子炉を冷却して主要部分を停止するには、数週間、さらには数カ月の作業とエネルギー、荷物の運搬が必要になるからだ……。

■崩壊のあと、文明を再び活性化させられるのだろうか？

私たちの文明ともいえる超複雑系システムは、膨大な量の知識の蓄積を可能にした。それは大量のエネルギーを消費したおかげなのだが（すでに見たように）、しかしまた、非常に多くの人からなるネットワークのおかげでもある。実際、人類学者が以前から確認していたのは、文化の複雑性は、それが発達した人間「集団」の大きさに比例するということだ。この理論は最近、モンペリエ大学の研究者チームが行なった実験で裏づけられた[339]。それによると、集団が大きくなるほど、知識が事故で消失することは減り、改革はより盛んになる。別の言い方をすると、大きな社会は、環境に適応して現実的に進化する利点をもたらすことになる。しかしこの利点には代償がある。それ以前に戻るのは不可能だということだ。「生き残りのために広範囲な知識に依存すればするほど、より大きな集団になる必要がある(340)」

研究者が確認したところによると、集団のサイズが小さくなると、競争力が大きく失われ、そのぶん衰退が加速して、社会が崩壊する引き金になるという。したがって、仮に私たちの工業文明が「脱グローバル化」し、「複雑性が減少」すれば、そこでまた別の事態が発生する可能性がある。それは現在の文明の文化すべてを保存できなくなる可能性で、その中心には、私たち大半の生死にかかわる重要な知識がいくつかある。

もし未来の世代に私たちの知識をすべて伝えられなかったら、そこに別の大問題が発生する。それはつねに問題として残る核のリスクである。未来の世代がこの一連のエネルギーを「管理」できるようになるには、どうしたらいいのだろう？　現在でさえ、この問題は知識の刷新に苦労するという劇的な状況に直面している。

たとえばフランスでは、「フランス電力の会長は二〇一一年、原発で働く職員の半数が二〇一七年までに退職すると発表した。五八基の原子炉で働く技術者の半数を、六年間でどう養成するのだろう？　（……）資格のある若い原発技術者は、関連企業に入社しないか、しても短期間で離職する(341)」。もっとおかしいのは、アメリカの研究者が、知識を長期にわたって伝達するのに最高の方法は、口頭伝承だと認めていることだ。つまり、言葉による神話の伝達だ（文書でもなく、電子データでもない）。

こうして、核の専門家はこの伝承の「専門家」の元へ助言をあおぎに行った。まだ生存する数少ないアメリカ先住民で、まさにウラン開発のために先祖代々の地から追放された人たちだ(342)

……。

すでに蓄積されている技術を知らずに、私たちの世代が生産した核のゴミを処理するのに、未来の世代はどうするのだろう？ これが「最良のケース」――現在世界で稼働中の約四三〇基の原子炉〔二〇一八年の時点で約四五〇基〕が無事に停止できたとして――で提起される重大問題である。実際、原子炉の正常な稼働にとって重大な脅威となるのは、地政学的な不安定や気候温暖化（テロ、武力紛争、冷却用の水不足、洪水など）だけではない(343)。金融や経済、さらには原発が位置する地方の政治が崩壊した場合、原子炉の維持や、たんなる廃炉だけを担う数百人もの専門家や技師を、誰が保証するのだろう？(344)

もちろん、原発事故が起きても人生は停止しない。それを証明するのが、チェルノブイリ原発の周辺地域、とくに無人となった幽霊都市プリピャチに野生動物が戻っていることだ。しかし、それはどんな人生を意味するのだろう？ そこから私たちの子孫が文明を再構築できると、誰が断言できるだろう？

10章　そして人類はどうなるのか？

結局のところ、工業文明の崩壊が提起する本当の問題は、正確な日付や持続時間、早さなどではなく、私たちが個人として苦しむのか、またはその前に死ぬのかを知ることだろう。社会の尺度で展望すると、それは私たちの子孫、私たちの「文化」が永遠に続くかどうかの問題だ。これらすべてが想定より早く止まることがあるのだろうか？

崩壊と崩壊の研究もそうだが、これを機に人間を別の角度で見ることができる。そこで本章では、さまざまなテーマの奥義に分け入ることにしよう。人口、心理学、社会学、政治、いずれも学問としてまだ模索中の崩壊学の専門領域である。

世紀末の人口は？――崩壊の人口学

人口問題を取り上げずに崩壊を語ることはできないだろう。問題は、人口学の議論を冷静にできないところにある。テーマとして完全にタブーなのだ。というのも、すぐに「ゴドウィンのヒトラー類比の法則」〔ネット上の格言で、提唱者マイク・ゴドウィンの名前から〕の閾《いき》に行きつくおそれがあり（議論がある時点を越えると、誰か一人が他人をナチ呼ばわりし、議論が不可能になること）、あえて公の問題として取り上げる人はわずかしかいないからである。[345]人口学では、この閾には別の性質があるが、しかし本質はつねに同じ。「あなたは中国のように一人っ子政策を推奨したいですか？」

世界の将来を語る討論では、エネルギーや気候、農業、経済などあらゆるテーマを取り上げて数字を議論するが、しかし人口に関する国連の公式な数字が再検討されることは決してない。それによると、二〇五〇年には九〇億人、二一〇〇年には一〇〇億から一二〇億人のあいだになる。[346]試しに実験してみよう。たとえば、農業の将来についての話し合いをするとなると、すべての議論はこの数字から〝始まるだろう〟、二〇五〇年の人口は九〇億人だ。

ところで——何度でも繰り返す——この数字は理論的なモデルを基にした数学的な予測である。そしてこのモデルは地球システムの現実と恐ろしいほどかけ離れている。ベースとなっているのは、現在の人口を基にした出生率、死亡率、移民率の展望だけで、資源やエネルギー、環境、汚染といった要因は考慮されていない。だからこれは「大地から離れた」モデルで、こう要約できるだろう。世界人口は二〇五〇年に九〇億人になる、ただし「ほかのことはすべて同じとして」と。

問題は、本書の第1部で詳細に述べたように、すべては同じままではないことだ。したがって、世界人口は二〇五〇年も、二一〇〇年も予測より少ないことが考えられる。では、私たちはそのとき何人になるのだろう？

ＭＩＴ（マサチューセッツ工科大学）で、地球システムをベースにモデルを開発したメドウズのチームによると（8章を参照）、私たちの工業文明の不安定さから、世界人口は二〇三〇年から「取り返しがつかず、制御できないほど」衰退に向かうとされている。もちろん、これは予言ではない。というのも、データはしっかりしているにもかかわらず、ブラック・スワン、つまり予想外の出来事で肯定的なもの（素晴らしい発明や人道派の奮起など）も、否定的なもの（全面戦争、巨大隕石、原子力の重大事故など）も考慮に入れていないからである。だったら誰が信じるだろう？

豊穣の角《つの》派か、マルサス派か？

事実、影響力のあるこれら二つのモデルは、人口予想に関しては以下に述べる二つの視点ほど実態を反映していない。一つは豊穣の角的な視点、もう一つは人口論で有名なイギリスの経済学者トマス・ロバート・マルサスの視点である。豊穣の角とは、神話で豊かさの象徴とされるもので、それによると未来は限りなく進化しつづけ、人間は技術力や発明の才で環境を支配しつづけていくというものだ。対してマルサス派は逆に、この技術力や発明の才には限界（境界）があり、いつかは成長を続けるのが難しくなる（消費、環境へのインパクト、人口など）というものだ。後者は私たちが近代化以降たどっている軌道でもある。

これら二つの想定は相容れないものでも、他を排除するものでもない。たんにそれぞれが後を継続するだけである。動物はマルサス的世界に生きており、個体群数とエサの消費量は環境の負担能力で決まってくる。いっぽう人間は数千年前から、文明のサイクルにあわせて、豊穣の角とマルサス的段階を交互に繰り返している。誕生して成長し、それから停滞して衰退し、次いで復興するか消滅する。成長の段階はもちろん豊穣の角だ。というのも、環境はまだ比較的元のままだからである。

次いで、「人口が爆発」するごとに、環境の限界の締めつけが強まり、それによって技術革新の気運が高まって、最初の物理的な限界は人工的に遠ざけることができる。[347] しかしいずれ文明はさまざまな限界や境界（一般的には気候、資源、複雑性、政治など）にぶつかり、再びマルサス的な世界へ急降下する。そうなると、人口数も急落する。社会が人間の生き残りに必要な条件を維持できなくなるからだ。

したがってすべての問題は、はたして（そしていつ？）先進工業国が一転、再びマルサス的世界になり、すでに戦争や飢饉、病気で苦しむ国々の列に加わるかどうかである。もしそうなると、グローバルな死亡率は再び大きく上昇に転じ、不思議なことに、数年間は出生率も追随する（しかし数的には低めに）。実際、矛盾するようだが、マルサス的世界では、人は子供をたくさん産む！　いっぽう物質的に豊かな世界では、出生率は下落する（これが有名な「人口転換」で、文明の進歩とともに少産少死型になる）。

しかし、この崩壊のあとにくる出生率の回復、つまり「生の欲動」で、死亡率の急激な高まりを埋め合わせることはできないだろう。まったく逆に、資源の枯渇を加速させることになるだろう。したがって、これが崩壊における人口のロジックだろう。

この傾向は、メドウズ・レポートの人口曲線でも描かれているのだが、しかしもっと精密かつ厳密な研究が必要だろう。その点、おもに直感や大ざっぱな計算をベースにした、一部の崩壊学者の予想はいい線をいっている。数字は交錯しており、二一〇〇年の世界人口は数百万から一〇億または二〇億人まで……とさまざまだ。というのも、仮に化石エネルギーの大量流入が前世紀の人口爆発につながったとしたら、それを奪われた世界——たとえば窒素の化学肥料（大量の天然ガスから製造される）——を想像するのは非常に困難だからだ[348]。

カナダ人研究家で、エネルギーと環境、人口関係の専門家バーツラフ・シュミルによると、農産業の生産高向上に貢献した化学肥料がなければ（エネルギーコストも高い）、現在の世界では五人に二人が生き残れないという[349]。たとえば、可耕地当たりの人口密度が世界の上位に位置するベルギーでは（一ヘクタールに住民が九人）、仮にアグロエコロジー・システム（レジリエンスと生産性がある）が実施される前に農産業システムが崩壊したら、国民をどう養うのかが大問題になるだろう[350]。

■豊かになるか、それとも人口多数か？

いま話題の少子化論争にアレルギーを抱く人は、人口問題を議論する前に、まずは先進国で一人当たりのエコロジカル・フットプリント〔人間活動が環境に与える負荷を示す数値〕を減らすべきだと主張する。しかし人口に関する議論が成り立つのは、人口が環境に与えるインパクト（I

＝humain impact）が、三つの要因に作用される範囲内においてである。人口（P＝population）と生活レベル（A＝affluence）、そして技術レベル（T＝technology）［I＝P×A×T］だ。[351]

ところが、あとの二つを減少させることだけに頼ると（消費を減らし、技術的効率を高める）、私たちの指数関数的な軌道を大幅に方向転換させるには、きわめて不十分だ。そもそも私たちは、一度も減少させられなかっただけでなく（最大の理由はリバウンド作用[352]〔技術が向上すると逆に消費が増える〕と、財力を誇示するための消費現象）、最初の要因である人口が増えつづけるかぎり、どんなに努力しても無駄に終わるだろう。

限界と境界を超える問題はきわめて厄介なものになった。というのも現在、喫緊の問題として格差を減らす政策が曖昧なまま実施されているあいだ、人口問題は次のように解釈されているからだ。私たちは全体的にどちらを好むのか？　少数の人口で多くを消費するのか、あるいは多数の人口で消費を少量にするのか？

いまのところ、人口と消費を意識的に減らす試みは稀だが、あまりいい結果は得られておらず、真剣に制度的な議論をする動きはいっこうに見えない。しかし仮に現在、私たちが出生（そして何人か）を集団的に決断できないとしても、数年経ったら誰が死ぬかの（そしてどのように）決断に真面目に取り組めるのだろうか？

将来は殺し合いになる？——崩壊の社会学

■ウォーキング・デッドの未来

〔ウォーキング・デッドは、ゾンビによる世界の終末を迎えたあとを描くアメリカのテレビドラマ〕

資源へアクセスするための、大量の人口移動と紛争はすでに始まっている。現在も続くダルフール紛争は、「気候戦争[353]」の最初のケースの一つだった（いずれにしろ最も知られている）。ドイツ人社会心理学者で、社会の変化と暴力の専門家ハラルト・ヴェルツァーによると、これらの紛争は拡大し、繰り返されるという。というのも、原因がなんであれ、人間は架空のアイデンティティを構築することで、つねに殺し合いを正当化するからだ。たとえ最初の原因が資源不足や、人口の大移動、飢餓、病気、あるいは異常気象であっても、武力紛争は表向きは宗教紛争や信条の戦争になりえるのである。

ヴェルツァーが指摘するのは、どのように社会がゆっくりと、わずかずつ許容しうる限界を追い払うかだ。そうしてついには自分たちの価値観だった平和や人道主義を考え直すまでに至り、数年前までは受け入れられなかった状況に陥っていく。こうして人々は異常気象や飢饉、人口の大移動に慣れていくのだろう（そしてすでに慣れている）。そして先進国の国民はかなりの確率で、ますます厳格になる移民や他国に対する政策に慣れていくのだろう。しかし、大惨事に見舞われた人々が抱く不公平感には、だんだんと鈍感になるのだろう。この感情のズレが将来の紛争の土壌になるのだろう。

ＩＰＣＣ（気候変動に関する政府間パネル）の最新報告書によると、気候変動は「暴力的な紛争のリスクを高め、この紛争は内戦や集団同士の暴力の形を取るだろう」[354]。ちなみに二〇一三年、科学雑誌『サイエンス』で発表された研究が、この傾向を確認している。一万年以上もさかのぼって集めた、世界全体で四五の紛争の歴史的データから明らかになったのは、平均気温の上昇と降雨量の変化が、集団同士の暴力や武力紛争の増加と一貫して相関していることだった[355]。

もちろん、気候だけが将来の紛争の原因ではないだろう。それ以外に、社会的・政治的要因や文化、社会、個人の複雑な関係もまた紛争に結びつくのは当然である[356]。しかし、気候と暴力の相関性は確実に数値化されていないものの（はたして可能だろうか？）、科学者は環境的な大惨事（エネルギー、水、気候、汚染など）が、とくに新興国で、武力紛争や社会の不安定要因になることを疑っていない[357]。

いっぽう、「危機」の集中は、各国の軍や政府、国内の安全保障を担う機関に不安を与えている。イギリス人で国際安全保障の専門家ナフィーズ・モサデク・アーメドが明確に述べているように、たとえばペンタゴン（米国国防総省）は、今後数年以内に、大惨事による国民全体の怒りが政府や各機関に向けられることをすでに想定している[358]。緊張して不安定化した世界に先手を打ち、武力紛争や暴動、テロが増えるのに備えて、国民を監視しているのだ。監視の対象には平和主義的な動きも含まれ、そのいい例が、ＮＡＳＡの世界的監視プログラムを暴露したエドワード・スノーデンへの逮捕令状である〔ロシアに亡命中〕。

ところで、この〝推定〟暴力のエスカレートが、本当の暴力を生み出すことが多いのである……。

■大災害時の助け合い

大規模な災害を考えたときに不安になるのは、社会秩序が消滅することだ。広く一般的に信じられているのは、大災害が起こる前にあった社会秩序がなくなれば、すべてがあっという間に混乱に陥り、パニックになって利己主義が蔓延し、何に対しても戦争になるということだ。

ところが、驚かれるだろうが、そんなことはほとんど起きていないのだ。大惨事後、つまり「通常の活動を中断し、広く共同体に深刻なダメージを与える危険や原因となる出来事[359]」のあと、ほとんどの人々は信じられないほど愛他的で平静で落ち着いた行動を示している（例外は、予想外ではない状況で、たとえば強制収容所や、戦争でも複雑な状況）。「大災害や第二次世界大戦中の爆撃、世界中で起きた洪水や竜巻、地震、暴風雨に直面した人々の行動を、数十年にわたって社会学的に詳細に研究した結果、そのことがわかった[360]」

このような状況になると、一部の人はまわりの家族のみならず、隣人やまったく知らない人を助けるために非常識な行動に出ることもある。信じられないだろうが、災害時に人がパニックになって利己的になるイメージは、事実としてまったく確認されていないのである。

二〇〇五年、米国のニューオーリンズを襲撃したハリケーン・カトリーナが町を破滅状態にしたときの映像を思い出してほしい。空からの映像で、一面の濁った水に何百という家々の屋根が沈み、その上で生存者――大部分が黒人――が手を振り、彼らを救命ボートが運び、軍隊が出動して捜索や緊急援助にあたっていた……。メディアが盗難や掠奪、暴力、殺人のコメントを報道していたのも思い出す……。まさにカオスだ。

数年後、確信をもって断言できるのは、私たちの想像の一部が間違っていたことだ。洪水や軍隊のイメージは確かに事実だったが、しかし、そのあとの「大惨事の結果の社会的暴力」の記憶は、現実とは一致していない。一致しているのは完全なでっちあげの演説で、それをメディアが事前の確認なしに吹聴したのである。報道された犯罪は起きていなかったのだ！　これがより重大なのは、この嘘をもとに現地に何千という警官や軍隊が派遣され……ストレスの塊になった彼らが、〝現実に〟悲嘆に暮れた住民を攻撃し、本当の暴力を引き起こしたことだ。それにメディアが飛びついて、大災害時の暴力神話を正当化したのである。

この嘘の出所のなかにいたのが、当時の市長レイ・ネイギンと、警察署長エドワード・コンパスだった。彼らが大惨事発生直後、盗難や子供のレイプまで、犯罪の噂を流したのだ。かなりあとに、ジャーナリストが根も葉もない噂だったことを発見すると、警察署長は辞職に追い込まれ、公式に宣言させられている。「私たちの手元には殺人に関しても、暴力、レイプに関しても、公式な情報はいっさいない」(361)

二〇〇一年九月十一日の同時多発テロや、ロンドンの同時爆破テロ（二〇〇五年）、そのほか、列車の脱線や飛行機事故、ガス爆発、ハリケーンの生存者に注目すると、圧倒的多数は冷静で、助け合い、自衛団を作っている。実際、各個人は何よりも安全を求めるはずで、だから暴力に訴えることはあまりなく、他人に害を及ぼすことも少ないはずだ。結局のところ、気持ちが高まると、競争や攻撃的な行動は脇に置かれ、抑えがたい力が働いて、一瞬にして「個人」が「私たち」になる。普通ではない状況が、普通ではない行動を生み出すかのようだ(362)。

人間の共同体には、それ自体に素晴らしい「自己治癒力」がそなわっている。平常時には見えない、社会を団結させるこのメカニズムには、衝撃を受けたあとの共同体を再生させ、新しい環境で生き抜くために社会を再構築するほどの力がある。本当の問題は、現行の緊急対策が、つねに物理的な構造（建物、機関など）の保全に努力を集中させていることだ。

ところで、科学者が理解しはじめているのは「建物より、経済や社会ネットワークのほうによりレジリエンスがある。建物は崩壊するが、人材は残る(363)」ということだ。したがって大惨事に備えるとは、まず自分のまわりで人間関係を築くことを意味するのである。

ところで「崩壊の社会学」の研究で最も重要な問題は、局部的な大惨事と、大規模に繰り返される大惨事全体を、比較できるかどうかである。はたして「共同体のレジリエンス」は、崩壊が続くあいだも同じように機能するのだろうか？

確かなことはわからない。わかっているのは、戦争中（とくに内戦）は、社会秩序が時に急激に失われ、ごく「普通の」人々のあいだで、最も野蛮な行為が発生するということだ。それにもかかわらず――これは少なくとも経験で得たもの――〝予想されない〟局部的な大惨事の中心では、人間が前述したような思いもよらない能力を発揮することもわかっており、それ自体すでに重要だ。

いっぽうに助け合い精神と他人を思いやる心があり、他方に競争心と攻撃性がある。この両面を持ち合わせているのが、人間の本質なのである。一人の個人、あるいは一つの社会でのそれぞれの割合は、無数の要因に左右される。数千年を経た秘密のレシピのように、助け合いの精神、この不安定な錬金術の材料は、微細で複雑なままである。

現在、行動科学の専門家は、人間集団では協力関係があっという間に競争に変わることを発見しているが、逆もまた真なりだ。[364] 加えて、多くの研究や観察がそれを主張している。野生の状態では弱肉強食の法則になるという、私たちの自由社会の基本となる神話を否定しているのである。[365] この分野の研究は、崩壊学で最も面白い——そして最も急を要する——ものの一つである。

崩壊した社会がどんな糸で織られているのか誰にもわからない。しかし、そこでは助け合いの精神が、一番とは言わないまでも、重要な役を演じるだろう。実際、個人主義は、エネルギーが潤沢にある社会だけが手にできる贅沢だ。私たち全員が「奴隷五〇〇人分のエネルギー[366]〔石油〕」を使えるのに、なぜ助け合うのだろう? というわけだ。

別の言い方をすると、エネルギーが不足する時代になれば、個人主義者がいちばんに死ぬのは確実だろう。素晴らしく協力的な行動を示す能力のある集団は、より生き延びるチャンスがあるだろう。それが数百万年前、私たちの祖先と霊長類が分かれたケースだった。[367] したがって矛盾するようだが、私たちはいずれ助け合いの時代に入るのではないだろうか。

しかし、世間知らずであってはいけない。事態は想像以上に複雑だろう。崩壊を考えるとは、つねに事態の均一的な見方を捨てる訓練をすることだ。

重大な危機が繰り返される状況では、誰も同じ見方をしないだろうから、反応も人それぞれになるだろう。まず、出来事の最初のイメージは（どんなに強い印象を与え、客観的であっても）、一般に個人によって異なり、その結果、同じ瞬間でも、当事者は同じことを語らないおそれがある。もっと悪いのは、連鎖反応のように複数の出来事が起きたら（株式市場の崩壊で、食糧やエネルギーなどが危機に陥る）、当事者は同じ「問題」に取り組まなくなるリスクがある。もしそうなったら、それぞれの目的が異なってくるのは確実だろう。ある者は以前の秩序に戻そうと必死になり、別の者は制度を永続させることに集中し、またある者はこれを機に社会秩序を変えようとするだろう。これらすべてとは別に、状況の変化についてリアルタイムで信頼できる情報を収集するのが難しいだろう。

■映画を観て、小説を読む重要性

実際、現場ではほとんどの人が、想像の産物や世界のイメージを無視するだろう。たとえば、みなさんの一部は先に述べた大災害時の助け合いを永遠に信じないだろう。なぜなら、人間は法的な枠組がなければ、基本的にエゴイストで暴力的だと確信しているからだ。別の人はおそらく、大惨事の場合、人々は理性を失って泣き叫び、一瞬を争って四方八方へ走ると、信じこんでいるだろう。[368] 理性を失った大衆のイメージは、事実には基づいていないのだが、しかしハリウッドの映画産業に教育され、体験したかのように私たちの無意識下に浸み込んでいる。

その点、トランジション・イニシアチブ（トランジション運動）は、闘いの場（何かをする努力）が想像の世界とストーリーテリング（歴史を物語る技術）にあるのを見事に理解している。実際、各文化、各世代はそれぞれに特有の歴史を物語る。物語は歴史的な出来事の解釈や、伝説、神話を伝え、それに助けられて私たちは、世界がどのように組み立てられ、意図的に調整され、変えられたのかを理解することができる。物語から集団のアイデンティティが生まれ、そうして運命の共同体が作られている[369]。

現在、支配的な文化のストーリーが物語るのは、テクノロジーであり、人間の際限ない創意工夫、競争、唯一無二の原則とされる弱肉強食の法則、進歩をめざし断固として前進する、などだ。しかし、これこそオートポイエーシス＝自己創出（自己維持につながる）の輪だ。つまり、人は野蛮人の神話を信じるからサバイバリストになり、最悪の事態に備えているうちに、他人に恐怖心を抱かせることになる。それが緊張と疑念、暴力の雰囲気を助長し、そうしてまた神話が正当化される、というわけだ。

したがって、トランジションの中心問題は、これら暴力と虚無主義、悲観主義のスパイラルを逆転させるために、ストーリーと神話に賭けることだろう。そしてもし、大惨事と向き合うことで、私たちが自分たちの美しい歴史を語れるようになったら、なんといいことだろう？

私たちがいま大いに必要としているのは、不確かな一時代に入るための、変化を示す新しいストーリーである。たとえば、助け合いや協力のおかげで、化石エネルギーから解放されることに成功したある世代の物語……。想像の世界を研究するとは、このことだ。認知的不協和や否認の世界に入らないようにするストーリーを見つけるのだ。経済学者セルジュ・ラトゥーシュの表現を借りれば、「想像の世界を脱植民地化しよう！」。文に書いて物語り、想像して感じてもらう……これからの時代のアーティストにはたくさん仕事があるだろう。

トランジション・イニシアチブと、有名なトランジション物語（transition tales）[370]はそのいい例だ。映画やラップ音楽、新聞記事、未来のテレビニュース、マンガやアニメを通して、トランジション運動のメンバーは彼ら自身の未来を創りだしている。彼らが二、三十年後に住んでみたい未来である。よりよい未来（しかし石油はなく、気候も不安定）を想像しながら、トランジション・イニシアチブは、広く蔓延する無力感から人々を解放する。

「この集団的な想像の世界の研究には、地域のレジリエンスを強化する趣もある。なぜなら、人々を知らず知らずのうちに、未来の展望としてのポスト石油、ポスト成長、否応なく質素な時代に同化させるからである[371]」

これらのストーリーはまた、専門ではない人々（気候やエネルギーなどの）が、共通する未来、未来予測学の作成に参加できるようにし、そこで彼らもまた当事者になるだろう。

最も重要なのは、緊急とは言わないまでも、強固で生き生きとした地域社会の組織を再構築することだろう。そこで徐々に信頼できる環境条件、つまり大惨事の場合に役立つ「社会資本」〔公共施設〕を創設することである。したがって、すぐにも家から飛びだし、集団的な「習慣」を新しく作らなければならない[372]。人間が生まれつき持っているはずの「共に生きる才能」は、実利主義で個人主義の現代社会が、ここ数十年のあいだに徹底的に、見事に骨抜きにしてしまった。この社会的能力こそ唯一、大惨事のときにレジリエンスを保証してくれるものと、私たちは確信している……。

なぜ大多数の人は信じないのだろう?——崩壊の心理学

「ビッグ・ワン」とは、カリフォルニアを壊滅させる地震である。みんなそれがいつかは来ると知っているのだが、カリフォルニア州の住民の大半はいつも忘れている。ではいま、あなたがカリフォルニアに住み、地震感知器が「ビッグ・ワン」はおそらく二〇二〇年の前、二〇三〇年以前には確実に来ると予知していると想像してみよう。あなたはどう反応するだろう?あなたの生活は変わるだろうか?

人が真実を語ると、大半の住民は悲観的になって諦めるか、たんにメッセージをはねつける。しかし、このようなネガティブな行動は多くの要因で説明することができる。

■認識のバリア

この分野の研究はたくさんある。オーストラリア人哲学者クライヴ・ハミルトンの著書『人類のためのレクイエム』[373]の半分はこの問題を扱っている。なぜ私たちは気候温暖化の脅威にうまく反応できなかったのだろうか?

最初の一連の理由は認識の領域である。私たちには、たんにシステム的な脅威や長期的な脅威の危険を感知する能力が備わっていないだけなのである。逆に私たちの脳は、直近の問題への対処では完璧だ。人間が進化してきたここ数千年のあいだ、自然環境の選択のプレッシャーで、具体的で目に見える危険に敏感になる能力が備わったのだ。[374] こうして私たちは、理性や直感よりはむしろ、本能的な感情に耳を傾けてリスクに対応するようになる。

ハーヴァード大学（米国）の心理学教授ダニエル・ギルバートがこれについてユーモアを交えて要約している。「多くのエコロジストは気候変動が速すぎると言っている。実際は遅すぎるのである。私たちの注意を引きつけるほど速くないということだ[375]」

たしかに、IPCCの報告は、オオカミが咽を鳴らして近づいてくるよりアドレナリンの分泌は少ない。「これで説明できるのが、私たちは安全だとわかっている状況（現在）で、なぜガラス箱に入った毒グモのタランチュラを見たり、超高層ビルのテラスをよじ登っているときに恐怖を感じるかということだ。それに対して、本当に危険な武器や車が目の前にあっても、いっさい恐怖を感じない[376]」

いっぽう、前述したように、習慣化による作用もある。それをよく表わすのがカエルの話で、カエルはお湯が沸騰した鍋に飛びこむと跳び上がってしまうのに、水の入った鍋に沈めて徐々に熱くしていくと、そのまま死ぬまでそこにいるという訓話だ。私たちは一バレルの石油価格が一〇〇ドルを超えているのに慣れているが、一九八〇年代と九〇年代は二〇ドルでしかなかった。同じ思考形体で、イギリスの漁師が完全に機械化された船での漁獲量が、一二〇年前の先祖が帆船で、同じ時間、海にいて荷揚げした魚の六パーセントしかないと、誰が実感できるだろう？[377]

成長神話などもまた、大惨事の現実を直視するのを妨げている。現代社会では、経済成長への妄想がきわめて強い。一九七二年のローマ・クラブ・レポートの著者の一人、デニス・メドウズが語るように、「もしあなたが、市場は『（神の）見えざる手』に導かれていると信じ、テクノロジーが魔法の力で物不足の問題をすべて解決すると考え、また、いざというときは神が地上に降りてきて私たちを救ってくれると思っていたら、物質的な限界の問題には完全に無関心でいるだろう[378]」

事実、これらの神話は私たちのアイデンティティや世界の見方の基礎となり、私たちの精神に深く根づいている。だから、新しい情報が発生してもそのつど問題視されることはなく、逆のことさえ起きている。つまり、あらゆる手を使って新しい情報を神話の枠組に入れようとするのである。

■否定：信じない

大惨事の問題で最も悩ましく、不思議なのは、私たちは何が起こるか――そして起こるおそれのあるものを――知っている場合が少なくないのに、それを信じないことだ。実際に現在は誰一人、警告の科学的情報が足りないとも、メディアが十分に取り上げないとも言っていない。しかし、ここで確認しなければいけないのは、ほとんどの人にとって、これらの情報は信頼できないということだ。

「私たちは大惨事が不可能と思っていると同時に、手にするデータから、可能性があるとも、いや確実とも、ほとんど確実とも思っている。（……）この邪魔をしているのは不確実性でも、科学でもなく、最悪の事態が訪れるのを信じられないということだ[379]」

別の言い方をすれば、科学的データの蓄積は必要だが、しかし崩壊の問題を完全に扱うには不十分だということだ。

この四〇年間を観察したデニス・メドウズが言うには、「私たちはたんに、私たちの行動を変えない理由を変えつづけてきただけである[380]」。その証拠として、その間に彼のレポートが引き起こした反応を比較している。

一九七〇年代の批評はこう断定していた。「限界はない。あると考えている者は全員、たんに何も理解していないだけだ……」

八〇年代になると、限界が存在していたことが明らかになり、批評はこうなった。「わかった、限界はあるが、しかしまだずっと先のことだ。何も心配することはない」

九〇年代になると、それらがそう先ではないことがわかった。（……）そのとき、成長支持派はこう叫んだ。「限界はおそらく近いが、しかしその問題は何も心配する必要がない。なぜなら市場とテクノロジーが解決してくれるからだ」

二〇〇〇年代、テクノロジーも市場も限界の問題は解決できないことが明らかになりはじめた。反応はまたもや変わった。「成長を支えつづけなければならない。なぜなら、成長こそ問題に直面するさいに必要な資源を与えてくれるからだ[381]」

ところで先のクライヴ・ハミルトンは、私たちが気候温暖化の現実を直視するのを妨げる否定の形をすべて分析した。彼によると、最も重要な要因の一つは、認知的不協和現象で、例として一九五〇年代に米国を席巻したあるセクトの物語が紹介されている。

マリアン・キーチと名乗る女性教祖が、一人の宇宙人からメッセージを受け取り、近々に最後の審判が下される予告があったと断言した。近いうちに黙示録の大洪水が人類を襲うだろう、それを逃れるために、一九五四年十二月二十一日の真夜中、宇宙人が宇宙船を送って信者を迎えにくるというものだ。当日、セクトの信奉者が集まったが、しかし真夜中になっても誰も迎えにこなかった。

ところが人が思ったこととは逆に、セクト会員の反応は失望でも絶望でもなく、まったく逆だった！　彼らは先を争ってメディアに、彼らがなぜ熱狂しているかを語ったのだ。宇宙人は最終的に、セクトの集団が放っていた光のおかげで、人類全体を救おうと決断したという話だった。こうして、セクトの行動には根拠がないと考えていた懐疑論者を前に、マリアン・キーチはあらゆる期待に反して、まさに信者の信仰が人類を救ったと断言した。神話は事実よりも強いのである。

メドウズにとって明らかなのは、「私たちは現実に起きていることを知りたくなく、ただ、すでに抱いている印象全体の確認がほしいのである[382]」。したがって、たとえば気候温暖化の懐疑派は本当の懐疑論者ではないことになる。彼らは事実を厳密に分析することをせず、逆に、まず最初に自分たちの世界観に反するものすべてに反対し、それからそれを正当化する理由を探すのである。

もっと先へ行き、集団で否定を「行動的に」行なう企業を組織する者もいる。産業界で非常に力のある当事者たちは、「シンクタンク」に資金を提供し、きちんと確立された科学的事実に対し、不確実で議論の的となる「雰囲気」を作り出すことに成功した。この疑念と無知に満ちた戦略は、彼らの製品の有害性を隠すのが目的で、現在はその悪質なやり方が資料でしっかり裏付けられている。タバコやアスベスト、殺虫剤、内分泌攪乱物質（環境ホルモン）、最近では気候温暖化のケースがそれである[383]。

この戦略がとりわけ力を発揮したのが二〇〇九年、コペンハーゲンでの気候サミットの交渉が失敗に終わったことだ。また二〇一五年十二月のパリ・サミットでも、交渉の前から働きかけていたのは間違いない。

しかし、責められるべきは多国籍企業や石油企業だけではない、政治もまた責任の一端を担っている。これを証明するのが、ノースカロライナ（米国）で「海水面上昇の科学的予測」を禁止する法案が可決されたことだ〔沿岸部での不動産開発が不可能になるという理由〕。もしこれに「州の公共支出を厳しく管理する」新しい法案が加わると、気候学者の動揺ぶりが容易に理解できる。なぜなら、海水面の測定結果をシンポジウムで議論し、メディアに訴える可能性が――権利も――なくなるのである[384]。

私たちはいき過ぎた破局論者なのだろうか？

崩壊の心理学は矛盾と誤解に満ちている。多くの人は、ＩＰＣＣの報告書は不安をあおり過ぎで、メディアも簡単にそれに乗っていると不満を述べている。しかし、ＩＰＣＣが報告しているのはコンセンサスである。だから、そこから生じる言葉での説明は論理上、合意のうえのもので中立的、過剰な表現はいっさいなく、その他の科学的出版物とは対照的である。さらに言うと、最近の研究（つまり、より破局的になっている）も考慮されていない(385)。だから、報告の内容が事実だとすれば、悲観論であるはずがないのである。

いっぽう、破壊論者の態度は、一般にあまりよく理解されていない。しかしそれでも、多くの人は不幸になる可能性を考えて、〝信じている〟と言える。保険を契約するのはその表われだ。ところで、実際に事故（火災、盗難、洪水など）に遭うケースは非常に少なく、一人の一生ではきわめて稀なのだが、そのリスクを計算する科学的根拠を知っている人はあまりいない。ところが、この種の事故は直感的に「可能」と見なされ、具体的な行動に出られるのに対し、気候変動の結果は、事実の裏付けがあるにもかかわらず、ほとんど知られていない。実際、その結果については「活動家も、つい最近までは科学者のほとんどが、一様に過小評価していた(386)」。全員が「一般の人に恐怖を与えすぎて、行動を麻痺《まひ》させるのを心配していた(387)」のだ。

だとしたら、破局論にはある線を超えると逆の力が働く閾があるのだろうか？　すべては程度の問題なのか？　だから、破局論的な言葉は〝なんとしても〟避けるべきなのだろうか？より正確に言うと、この四〇年間、生態学に関して具体的な政治的結果がなかったのは、あまりに破局論的な説明のせいだったのか、それとも逆に、あまりに単調だったせいなのだろうか？　問題に関しては、人それぞれに意見があるだろうが、しかしその間、政策が行き詰まりになっているのは明らかだ。事実をありのまま単刀直入に語ると、凶報をもたらすと非難され（そして一部の人から信頼を失う）、逆に厳しすぎる数字（気候や、その他の環境破壊に関して）を避けて婉曲に話すと、政治的な優先事項の最後にまわされるリスクがある。なぜなら、状況はまだそれほど深刻ではないと判断されるからだ。

実際、社会心理学の実験で明らかになったのは、人が脅威を真剣にとらえるには、状況についてきちんと知らされていることと、信頼できて受け入れられる代替案が必要ということだ[388]。もし情報の一部しか知らされず、限られた役割しかできないとなると、真剣に取り組まない可能性がある。したがって、大惨事に関してできるだけ完全な情報が、行動に移すための条件の一つになる。問題はむしろもう一つの要因になるだろう。それは、崩壊後を見越した本当の代替案が（まさに適応できる方法）ないばかりか、具体的かつ早急に、かつ受け入れられる方法を見つけるのが難しいことである……。

■見て、信じて……行動する！

それでも、現在のグローバル化された社会や、人類の崩壊に関する話や記事に耳を傾け、理解して信じてくれる人はいる。私たちは多くの講演や、個人的な会話を通して、崩壊が切迫していることを理解した人々のさまざまな反応に直面した。私たちはそれらを分類し、リストにしたので紹介しよう。ただし、例外も含めて全部は網羅しておらず、文献での裏付けもない、あくまでも主観的な体験に基づいたものだ。崩壊学の未来の研究が、この分類を少しでも厳密にしてくれることを願っている。

「それ見たことか」的反応は、私たちの世界が崩壊するのを前に無力感を抱く人に多く、どういう理由かは定かではないが、社会に対する恨み、さらには怒りをつのらせる人々である。「崩壊？　それはいい！　この社会は本当に腐っている……。いっそのこと『崩壊、万歳！』と言いたいところだね」。しかし、この姿勢が物語るのは、大惨事を非常に暗く、虚無的に想像しているうえ、人がどうなるかを正確に想像できていないことだ。はたして自分は死ぬのか、それとも、生き残った仲間と一緒に都市が崩壊するのを丘の上から眺め、当然の報いと思って溜飲を下げるのか？　こういう姿勢は、大災害時の政治的、社会的組織に有害なのは、言うまでもないだろう……。

「それがどうした？」的反応はきわめて多い。というのも、すべてが終わるなら、これ以上仕事であくせくしてなんになる。「何もかもどうでもいい、残っているものを利用しよう！」というわけだ。しかし要注意、この種の反応では、「利用」するという言葉の曖昧さから、二つの傾向に分けることができる。一つは、ラブレー〔大食漢ガルガンチュワの物語で有名なフランス人作家〕的な快楽主義——しかしエゴイスト——に共感し、残りの人生をビストロで笑いながら、人生最後の歓びを謳歌するタイプ。もう一つは「頭の働きが悪く」、他人を犠牲にして利用するタイプ。燃料を最大限に燃やし、消費して、最後に掠奪して立ち去る……。

サバイバリストまたは**自分の問題は自分で片付ける的反応**はじつは、世界的にますます多くなっている。バリケードを築き、シェルターに引きこもって、おびただしい数の武器や必需品をストックする個人については、これまでさんざんレポートされ、ドキュメンタリーにもなっている。子供に弓矢を教えたあとは、薬草の知識を身につける訓練をし、水を浄化する技術を調べ、他人（隣人？　侵入者？）にいつかは襲われると信じている。この姿勢を支えている想像の世界は、「マッド・マックス」やゾンビの映画で、人間は性悪な生き物だと信じきっている。「一人でやるほうが、何でも速い」がモットーになるのだろう。

トランジション運動のメンバー（「みんな同じ船に乗っている」）はと言えば、一般に非暴力的な人が多く（おそらく暴力的にはなれないと信じている）、集団的精神の持ち主でもある。彼らは「トランジション」を多くの人に訴えているのだが、それはその人たちにとって、世界が崩壊したら人生には意味がなくなるからだ。そこで、一人で内向きになるより、むしろオープンに、すべてを包み込むような活動をし、未来はエコヴィレッジやトランジション・イニシアチブの助け合いネットワークにあると信じている。「一緒にやれば、もっと先へ行ける」が彼らのモットーだろう。

崩壊学者は、誰も話題にしないこのテーマに情熱を抱き、生きがいを見出している。研究し、文章にして共有し、伝えて理解してもらうことが、だんだんと時間を費やす活動になる。それはこの問題に捧げた書籍出版や記事、ブログやサイトの多さと長さでも確認できるだろう。これら「崩壊オタク」で最も有名なのは、英語圏で「コラプスニクス」と呼ばれる人たちだが、面白いのは技師など……男性が多いことだ。しかもこれは、あるベテランの話を信じるなら、男女が別れる原因になることが多い。というのも、女性は崩壊をたんなる会話のテーマの一つとしてとらえる（そして夫に、家族や女友達の前ではこのテーマに触れないように頼む）のに対し、夫はシェルターを準備しはじめたり、延々と続くトランジションの集会に参加したりする……。それはそれとして、一般の人を対象にした講演では、男女の溝がよく確認できる。男性は数字や事実、技術面（たとえばエネルギー問題など）の議論に向かうのが多いのに対し、女性は問題の感情面や精神面について話すことが多いのだ（いずれにしろ公の場で）。

いっぽう、より複雑な現実の世界では、複数の部類に属していると感じる人もいるだろう。たとえば、崩壊学者として、先行措置に取り組まないわけにいかないだろうし、さらには、気候変動の影響が大きくなりすぎないよう（本章の最後を参照）、崩壊が早く来るのを願う人も何人かいる。あるいは、唯一可能な出口は協力という〝信条を持ちながら〟も、独学で薬草を採取する人も……いるだろう。

■しかし、共存するにはどうしたらいいのだろう?

じつは、否認は健全な認識のプロセス（短期的に）の一つで、「有毒」すぎる情報から自然に自分を守ってくれるものだ。実際、崩壊の可能性は大きな不安を引き起こし、慢性病のある身体には非常に有害だ。[389] また、具体的な代替策がないことも同じく無力感を抱かせ、こちらは発癌性物質なみになる（しかし、いったん行動に移ると消える）。

しかしそれとは別に、大惨事の長期的な影響を過小評価することで、「いずれ向き合う不快な未来の受け入れを拒否すると、それが誤った態度になる可能性がある」[390]。ではどうすればいいのだろう？　健康でいるにはどうしたらいいのだろう？

答えの一つは、悲しみを乗り越える過程の「心理的な移行」のなかで見つけることができるだろう。気候の大惨事、あるいは「私たちの知っている世界が恐ろしい終焉に一直線に向かっている可能性」[391]は、人の精神が受け入れるにはあまりに酷なことが多い。「それは私たち自身の死と同じである。私たちはみんなそれがいつか突然来ることを『知っている』のだが、しかし本当の意味でどう死ぬかの問題に向き合うのは、それが差し迫ったときだけである」[392]

喪のプロセスはいくつかの段階を経るもので、アメリカ人心理学者エリザベス・キューブラー＝ロス（一九二六―二〇〇四）が確立した有名なモデルによると、否認、怒り、取引（何かにすがる段階）、抑鬱、そして受容の五段階である。私たちは一般の人たちの反応にこれらの段階すべてを見出し、本書を準備しているときの私たち自身も同じ反応の感情を抱いた。

トランジションや崩壊についての討論会やアトリエで確信したのは、いちばん重要なのは証言や感情が共有される瞬間で、それによって出席した人たちが未来に立ち向かおうとするときだった。これらすべての瞬間を経て、私たちは受容の段階に近づくのである。的確で有効な行動をはぐくむ、希望や感謝の気持ちを再び見出すのに欠かせない瞬間だ。

前進して、望ましい未来を見出し、崩壊を社会にとって素晴らしい機会ととらえるには、どうしても絶望や恐怖、怒りといった負の段階を経ることになる。このプロセスで、私たちは必然的に個人的な影の領域に浸り、それらと向き合い、そして共に生きる方法を学ぶことになる。

前述した哲学者クライヴ・ハミルトンやジョアンナ・メイシー、ビル・プロトキン、キャロライン・ベイカーらの素晴らしい研究[393]で強調されているように、これらの感情に浸り、共有することでのみ、私たちは再び行動の意欲と人生の意味を見出すことができるのだ。これは大人になるための象徴的な通過点にほかならない。現在、助け合いネットワークは、目立たないながらも力をつけ、世界中で発達し、これ以上の幸せがないほどの速さで成長している[394]。

この転換は、クライヴ・ハミルトンが証言するように、人を解放することにもなる。「ある部分、私はほっとした気持ちになった。私の理性の部分がたえず私に言っていたことをついに認めて気が楽になった。偽りの希望にエネルギーを無駄に使わずにすむことになってほっとした。そして、気候温暖化対策で取り戻すのが不可能なほど遅れを取った重大責任者、政治家や企業の経営者に対し、私の怒りを少しでも表明できることにほっとした[395]」

最後に、喪のプロセスはまた正義感の段階も経過する。不公平と思われる喪失に苦しむ人々は、その責任者を罰する（いずれ罰する）ことができなければならない[396]。さもなければ怒りが爆発して、社会的暴力や心身症になって現われる可能性がある。ところで、私たちの社会が崩壊するケースでは、これがとりわけ気がかりな問題である。実際、辱《はずかし》めを受けたと感じる人々は、怒りを激しい暴力で噴出させ、それはスケープゴート――誤って――や、不正の責任者に向けられる。こういう類の話は歴史書にあふれている。

現在、一部の歴史家やジャーナリスト、（過激な）行動主義者が、進行中の大惨事の責任を担った人物や組織を特定している。その一例がドキュメンタリー映画『私たちの子供が大人を非難するだろう』〔邦題は『未来の食卓』〕で、いまフランスで話題になっているものだ。彼らには大いに頑張ってほしい。そして、この映画で取り上げられた子供たちは、すでに大人を非難する年齢に達している……。

信じたいま、何をする？――崩壊の政治

とはいえ、心理的な段階をいくつか越えたとしても――個人的、集団的に――、建設的で、できれば非暴力的な行動は、そうはっきりとした形では訪れない。しかし、ここは現実的になろう。人は喪の作業をしたからといって、そう簡単に行動には出られない。まずそれには遅すぎるのと、次に、人間はそのようなやり方で機能しないからだ。実際、行動はあるプロセスの先にあるものではなく、「内面の移行」プロセス全体の一部なのである。

「意識した瞬間から」、居心地の悪い無力感から脱出しようとするのも行動の一つで、そうして日々満足感がもたらされ、楽観的でいられるようになる。最初は無意味に見える小さな行動が、より影響力のある行動になり、それぞれがその満足感から最初の一歩を踏み出すようになるのだ。そうして私たちの想像の世界も変化していく。

そのために人はそれぞれ、各自の親和力や個人的な物語に応じて、進むべき道を選ぶ。ある人は暴力的な行動（多少なりとも解放する意味で）を選び、ある人は仲間内で閉じこもるか逃

亡し、なかには非暴力的な代替案を選ぶ人もいるだろう。そうして「モザイクのような崩壊」は、それぞれ色合いが違ってくるだろう。

私たちがいまどの段階にいるにしても、これらの「過去の世界」に浸って、矛盾と無力感を抱きながらも生きつづけなければならない。そうした「崩壊の展望のなかで」、私たちはそれぞれ、各自の親和力と社会環境に応じて、行動する機会を見出すのだろう。最初の段階で重要なのは、崩壊を深く信じていても、私たちの現在は――私たち自身と身近な人にとっても――あまり暗くはならないということだ。というのも、この不確かではっきりしない期間を通過するために、私たちには感情面と愛情面での大きな支えが必要になるからだ。

■トランジション――先行とレジリエンス

政治的な運動で、崩壊の想像の世界に位置するものはそう多くない。そのなかで最も建設的で平和的なのが（私たちは暴力的な運動は取り上げない[397]）、トランジションと脱成長運動だ。

一般に、人間が大惨事の可能性を信じるのは、それがいったん起きてからで、つまり遅すぎる。その点「トランジション」と「脱成長」運動は、まさにこの原則を打ち砕く、大惨事に先行する運動だ。化石エネルギーの枯渇や気候変動、あるいは食糧供給の断絶に先手を打つこと、これが「トランジションのメンバー」や成長反対派（同じ人物であることが多い）が掲げるプログラムの一例である。

たしかに、持続可能をベースに真に安定した経済（定常経済＝経済成長を目的としない経済）

を確立するには遅すぎるかもしれない。しかし地域レベルでレジリエンスのある小さなシステムを構築し、来たるべき経済、社会、生態への衝撃に耐えられるようにするのに、遅すぎることは決してないのである。

これら率先的な運動の規模は地域単位で小さいにもかかわらず、その数は驚くべきペースで増えている。二〇〇六年、イギリスで生まれたトランジション・イニシアチブ運動（以前は「トランジション・タウン」と呼ばれていた）は、発生して一〇年を経ずに、五大陸で何千という経験を積むまでになっている。大きな旋風を巻き起こしているこの運動は、いまや参加者の人生に目に見える影響力を生みだしている。市民が協力して再生可能エネルギーを生産し、地域での持続可能な食糧システムを構築する（都市農業、パーマカルチャー、海洋危機を監視する北極圏監視評価プログラムなど）、あるいは共同経済の新しいモデルなど、例をあげればきりがない。

それらについて調べるには、雑誌をいくつか読み[398]、数多く出版されている「具体的」で「ポジティブ[399]」な代替策に関する本を開き、あるいはインターネットの前に一時間座るだけで十分だろう。

政治的な視点で見ると、不思議な対象ではある。どうも矛盾する点があるからだ。直近の大惨事を受け入れる――つまり、私たちの工業文明の喪の作業――と同時に、「モデル」としても「システム」としてもまだ構築されていない、小さな新しい「ローテク」システムの出現を待ち望む。もっと具体的に言うと、トランジション――時制の移行の意味で――の段階は、どうしても二つのシステムが共存することになる。一つは死にゆくもの、もう一つは誕生するもので、目的でも戦略でも、多くの点で相容れないものだ（たとえば成長に関しては、4章を参照）。

姿勢にしても、破壊論的であると同時に楽観的、つまり明晰であると同時に実用主義的である。明晰というのは、これらの運動に深くかかわる人たちは、大惨事を否定していないからである。大半の人は成長が永遠に続く神話も、また世紀末神話も見限っている。これから起こることを知り、〝信じて〟、普通に破壊論的な言質を受け入れる。というのも、すでに具体的な代替策に取り組んでいるからだ。

いっぽう実用主義的というのは、「世紀末的な色合いがなく、世界の終わりなど心配しない。より正確には、生態系や社会に精神的なショックを与える、急激な再編成を主張しているからだ[400]」。「平常どおりの業務」でも、世界の終わりでもない、まさに新しい世界を、一緒に、いま、ここで作り出すことなのだ。

そのためにはまた、強固な意志と、少しのたくましさ、率直な疑念が必要だ。実際、トランジション運動の成功は、参加者が「ポジティブな視点」で未来を見据えるところからきている。閉塞感に陥らないよう、彼らは（全員で）二〇三〇年までに、石油もなく不安定な気候で、しかし暮らしやすい未来を想像している。想像力は細部にいき渡っている。細部を描き、想像して、一緒に思い描くだけで十分……それから腕まくりして、具体化すればいい。この戦略は動員力と創造性の意味で、きわめて力のあることが確認されている[401]。

いっぽう、この「矛盾だらけの」政治を普及させることで、別の問題が浮かび上がる。古い世界の死を公に、正式に受け入れなければならないという事実である。公式に認めると、とくに自己実現（6章を参照）のリスクに走るのと同じになる。ある国の首相が国家の崩壊を準備中などと発表すると、即座に、株価や国民は過剰に反応するだろう……混乱を引き起こし、まさに先行していたことを早めるだけになるだろう。

したがって、トランジションの政治は必然的に、先のエドガール・モランの表現を借りるなら、「死／生」（私たちの工業文明の死によって、新しい形の社会が出現するだろう）、そして「継続性／断絶」（中期的なトランジション政治と、破壊的な中断の出来事を「同時に」想定しなければならない）という矛盾だらけの「対話体」になるはずだ。

領土的な規模では、トランジションの基調テーマは「地域的なレジリエンス」[402]を作り出すこと、つまり地域ごとに異なるシステム的混乱（食糧、エネルギー、社会秩序、気候など）を回復する、集団的能力を高めることである。マクロ経済のレベルでは、債務システムと決別した「低エネルギー消費」――または脱成長――経済の創出を意味するだろう。しかし、ほかにも意識的な節約、公平な分配、さらには割当配給（最初の二つの混合）といったより合理的な政策もあるだろう。

これら壮大な作業はまだ始まったばかりで[403]、何もまだ前進していない。実際、現在の経済システムをゆるやかに、強い意志で成長のない経済に変えるのは難しいだけではない（4章を参照）。一つの社会が長期的、意識的に消費を減らすなど普通なら不可能だ。歴史的な例としても、崩壊を防ぐために自制して生き延びた社会はきわめて少ない。いちばん知られているのは、先のジャレド・ダイアモンドが紹介する、[404]南太平洋の小さな島ティコピア島だろう。島民は島の負荷能力の限度に対し、樹木信仰と厳しい産児制限を実施、三〇〇〇年も生き延びている。

それでも嬉しいことに、最初に経済的、社会的衝撃が現われてから即座に、代替策が出現することも確認されている。たとえば、ギリシア〔世界最大規模の太陽光発電〕や、ポルトガル〔脱化石燃料〕、スペイン〔再生可能エネルギー推進策〕では、[405]そんな動きが増えていることが確認・創出されている。

結局のところ、トランジションのコンセプトは、人々を結集させるのである。継続して進歩するという世界観を根底から揺さぶることなく、いっぽうで破壊論者の明晰さが花開く余地もある。そうして共通するやり方を見出し、ポジティブな想像の世界を共有することができれば、これ自体素晴らしいことである。トランジションのメンバーは政府に期待しない。そしてすでに現在、悲観的にならずに崩壊を生きる方法を創出している。見据えているのは最悪ではなく、よりよく構築された世界なのである。

■大がかりな切断政策

トランジションは結局、一種の「切断」行為と見ることもできるだろう。産業システムを切断するということは必然的に、それによって供給されるもの〔加工食品、衣類、高速移動、多様な物品、電子製品など〕を、不足する前に諦めるということだ。しかし、急激に切断だけすれば、世界の多くの人にとって死と同じ意味になる。実際、先進国の住民で、産業システムの助けなしに食事をし、家を建て、服を着て、移動できる人はごくわずかしかいない。

したがってすべての中心問題は、切断する〝前に〟、私たちが生計を立てる手段を取り戻せる知識や技術を見出し、計画的に行動するところにある。そのため、化石エネルギーなしでの自立への道は、供給不足を補う作業が膨大になることを知ったうえで（一バレルの石油は、人の労働力の約二万四〇〇〇時間分、週に四〇時間労働して一二年分に相当する）、どうしても集団的なものになるだろう[406]。

そうしていったん、「ローテク」で、よりレジリエンスのある小規模な自立システムに「接続」したら、その集団は大規模なシステムからも平静に「切断」でき、物資不足に陥ることもないだろう。もうスーパーへ行く必要も、家族用の車や中国製の衣類……などを買う必要もなくなるのである。これは実際には小さな勝利だが、しかし象徴としての大勝利である。

いっぽう一部の「コラプスニクス」はもっと先へ行き、全体での大規模な切断を提案している。これは一種の巨大なボイコットで、グローバル化した経済システムの急激な崩壊を引き起こす「意図的な経済破壊[407]」だ。

パーマカルチャーの共同発案者で、悲観主義の代表デヴィッド・ホルムグレンは、二〇一三年に発表した文書で、最近発見された気候温暖化による影響を不安視していた。彼によると、生物圏への甚大な被害を避ける唯一の出口はいまや、グローバル化した経済システムの早急かつ徹底的な崩壊を引き起こすことしかないという。切迫するオイルピークを何よりも恐れていた彼（三〇年以上前から）は現在、ピークがそれほど早く来ないことを嘆き、この問題に敏感な人すべてに、一刻も早い切断を提案している。

彼によると、先進国の国民一〇パーセントが、貨幣制度を離れた地域のレジリエンス運動に全面的に参加したら、従来の経済システムは崩壊を免れない域まで縮小するという。一種の「システム的ボイコット」で、これがいわゆるブラック・アウト政策である。この提案は世界中の崩壊学者のあいだで大論争を呼び、いまだに終わる気配がない……。

■戦争時のように国民を動員する

トランジション運動は、たしかに勢いはあるが、より大きな規模で調整されるとおそらくもっと効率的だろう。その意味で一九九〇年代、キューバでアグロエコロジーへの移行が成功した例は、大規模なトランジションの速度と勢いで、政府の役割がいかに重要かを示している。実際、鉄道や水道の管理、貿易と同じで、この問題は地域の共同体だけで対処できる枠を超えている。冷戦終結後の「特別な時期」、キューバ政府は経済崩壊が拡大するのを警戒し、トランジションを考慮した法律を通過させた[408]。

しかし、ヨーロッパやほかの民主主義国家では、それはまだ可能なのだろうか？　民間企業が国際的機関にかける経済圧力の強さしか知らない私たちの世代は、調整のとれた大変化が可能と思える例に恵まれていない。

しかしそれこそ、二つの世界大戦のあいだに起きていたのである。この時代、政府はある共通の目的に向かって、大きな力を動員することに成功していた。この場合は、敵を打ち負かすことだった。一九四〇年代、戦争のおかげといってはなんだが、米国は「一時、消費と無駄使い文化を放棄する」[409]政策を実行している。一九四三年には、戦時農園「勝利の庭」が二〇〇〇万人以上のアメリカ人を動員し、国の野菜生産の三〇から四〇パーセントを生産していた。米国ではこの数年間、リサイクルや車の相乗り、配給までもルールになっていた。

これらの例は深く検討する価値はあるが、もちろん戦争や独裁政権を擁護するものではない（たとえば、旧ソ連圏崩壊後に見捨てられた北朝鮮は、キューバと同じように、独裁政権下では飢餓に陥った）。たんに、共通の目的で計画的に行動すれば、迅速に成長させることが可能だということだ。

ここで研究すべきは、戦争時の状況（つまり物資不足）である。実際、崩壊時の政策として配給以上に特徴的なものを想像できるだろうか？　政治学者マチルド・シューバが指摘するように、先進工業国でも基本原則（市場と個人消費）にそむいて、配給制を実施したことが過去にあった[410]。たとえばパリでは一九一五年、生活必需品の不足から社会の不満が爆発、市当局は煮えきらない政府に代わって、石炭の値段を固定し、配給制にすることを決断している。

結局のところ配給制は、限界で締めつけられた世界では連帯感を生みだす政策として評価することができるだろう。したがって「豊かさは自主制を可能にするのに対し、（……）資源の限界は相互依存に導く」[411]と言えるだろう。住民全員の運命は、連通管〔二つ以上の管の底部が連結しているもの〕または「ゼロ和ゲーム」〔総和がつねにゼロになるゲーム。ゼロサムゲーム〕の原則と結びついている。それは一人が消費すれば他方のものが奪われるというものだ。この場合、政権の役割は、貧困層に最小限の必需品を保証するために、富裕層の消費を厳しく抑えるところにある。配給関連では強力な考えが二つある。「公平な分け前、つまり全体の量を公平に計算して分けることと、全員で平等にすることで、こちらは社会的富裕層が一時的に姿を消す[412]」

第二次世界大戦中の配給では、フランスでは失敗に終わったのに対し、イギリスでは社会に公平感が広がり、この時期の体験者の証言によると、社会の団結にきわめて好影響を与えたことが確認されている。驚くべきは、「一九四〇―五〇年代に医療サービス機関が行なった記録によると、イギリス人、とりわけ子供たちの健康と寿命が配給期間中に向上し、一部の国民が栄養価の高い食事にアクセスできたことが明らかになっている[413]」

■民主主義はどこに？

しかし、幻想を抱きすぎてはいけない。気候やエネルギー、金融危機による大惨事の影響は、必然的に政治システムにまで及ぶだろう。そうなると本書の冒頭の引用にあるように「私たちが計画中の全体的な生活条件の変化で、いちばんの犠牲になるのは民主主義だろう。（……）種の崩壊が、実際に起こりうる可能性として見えてきたときに、私たちはどうするか。緊急の問題に対し、従来どおりの複雑で、時間のかかるプロセスをたどり、延々と審議することしかしないだろう。パニックに陥った西欧の国々は、自由と正義の価値観にそむくことになるだろう[414]」

仮に信頼がなし崩しになり、給料や年金が適時に支払われず、食糧不足が深刻になったら、現行の政体維持は完全に保証できなくなる。国民の怒りが高まり、経済が繰り返し機能不全に陥れば、意に反しての「地域戻り」などが起きるだろう。そうして社会の混乱が増大したところにつけこみ、ファシズムが台頭するだろう。そうなるとヨーロッパ圏は、予想より早く分断され、おそらく暴力的な社会が出現して、「自由」で「開かれた」国際的な世界の理想からはほど遠くなるだろう。

さらに、資本主義にはしたたかな力があり、社会がクーデターや弾圧（フィリピンや一九七三年のチリなど）などの衝撃に苦しんでいても、制度として不可欠なところがある[415]。したがって、深刻な経済「危機」で、穏やかで平和なトランジションが自然発生的にもたらされる保証は何もないのである……。

仮に、先進工業国の政界・財界のエリートが、現在の民主主義とされる（しかし寡頭制のオリガーキーになったのは明らか[416]）モデルを守るのに躍起になれば、「成長再推進策」（2章、3章、5章を参照）が原因で大惨事を速めるうえ、国民のあいだには、その希望（失望）に比例して、怒りの感情が渦巻くだろう。

いっぽう、脱成長やトランジション信奉者はといえば、理想とする民主主義を保持することに心を砕き、地域で行動する参加型でかつ、集団的な統治の仕方を発展させている。フランスの政治学者リュック・スマルが分析するように、これらの運動の独自性は「破壊論者の枠組が、地域政治の議論をロックインするものではなく、逆に、オープンにする機会と見なされ、地域で統制のきいた、公平な分配での脱成長、脱炭素政策の議論を歓迎している」[417]ところにある。

こうして、一部の人は現行システムの死守に躍起になり、ほかの人はそれをより民主的にしようと働くあいだ、その他大勢は自分たちを不幸にした元凶を非難するのだろう。「崩壊の政治」の一環としての実践的、理論的作業において、民主主義の案件は間違いなく大きいだろう。その意味で、絶対自由主義運動が展開している参加型や直接型、自主管理型、連邦型、自治型民主主義の実験は、これらトランジションのネットワークには大いに役立つだろう。

それでも、いくつかの理論的な問題は宙に浮いたままだ。地域の小さな民主主義がモザイクのように雑然と集まる状態は、はたして民主主義がめざす形なのだろうか？　破壊論者の姿勢は、民主化のプロセスと相容れるのだろうか？　より正確に言えば、私たちが「大惨事に」対して行動するさい、十分な方法をまだ持ち合わせているのだろうか？　現在、絶対に必要と思われるのは、これまで述べた種々の問題に、理論的な裏付けのあるやり方で応える政治を、改めて考えてみることである。つまり、民主主義的なやり方と、緊急を要する大惨事対策のあいだで、妥協点を見出すことである。

「世界的な人口過多と、富裕層による過剰消費、テクノロジーによる貧相な対応[418]」によって、私たちの産業文明は崩壊への軌道をたどることになった。重大かつ取り返しのつかないシステム的な衝撃は、明日にも起こりうる可能性があり、大規模な崩壊に至る日は、一般に想像されるよりも早く、二〇五〇年または二一〇〇年頃になるようだ。大惨事全体が崩壊に変わるまでの、一連の出来事（未来の考古学者から見て）の正確な日程は誰にもわからないが、しかしこの連鎖が現世代に起こりうることは納得できる。これが、私たちが多くの観察者——科学の専門家や活動家など——と共有している「直感」である。

そう明言するのははばかられ、笑いものにされることが多いのだが、しかし私たちは破壊論者になってしまったようだ。はっきりしておこう。その意味は、私たちが大惨事を望んでいるのでも、影響を弱める闘いを諦めるのでも、ましてや悲観主義にどっぷり浸ることでもない。まったく逆だ！　たとえ未来が暗くても、「私たちは闘わなければならない。なぜなら、突きつけられた事実になす術もなく屈するいわれはどこにもないからだ[419]」

破壊論者とは、私たちに言わせると、単純に否定する姿勢を避け、「いま起きている」大惨事を記録することである。それらを直視することを学び、存在を受け入れ、それによって奪われるものすべての喪の作業をしなければならないということだ。私たちは、この勇気と意識、冷静な姿勢、大きく見開いた目こそが、現実的な未来への道を描いてくれると確信している。だから、これは悲観主義ではない。

確かなのは、私たちが過去数十年のあいだに知った状況を、もう「正常」とは決して思わないだろうということだ[420]。まず第一に、熱工業文明――エネルギーと金融の組み合わせ――のエンジンは、エンスト寸前になっていることがあげられる。限界に達しているのである。豊富で安価な化石エネルギーの時代はもう終わりになり、それを証明するのが、環境的にも、エネルギー、経済的にもコストのかかる非在来型化石エネルギーへのラッシュである。これによって、いつの日か再び経済成長を見出す可能性はすべて、決定的に葬り去られている。つまり、債務をベースにするシステムへの死刑宣告……債務が返済されることはもう決してないだろう。

二番目は、私たちの文明の指数関数的な物質的拡張が、その土台である複雑な自然システムを、取り返しのつかないほど混乱させたことである。境界を超えてしまったのである。気候温暖化や生物多様性の崩壊は、それだけで食糧システムや社会、貿易、医療システムの断絶を予告するものだ。具体的に言うと、人口の大量移動、武力紛争、流行病、飢餓などだ。「非線形」になった世界では、想定外の強烈な出来事が普通になるだろうが、予断を許さないのが、そのつど対応を試みた解決策が、これらのシステムをさらに混乱させることだ。

そして三番目は、政治や金融、仮想空間を機能させている、食糧や水、エネルギーを供給するシステムが複雑になるいっぽうで、必要とするエネルギーも増大していることだ。これらのインフラはあまりに相互依存関係にあり、脆弱で、時に老朽化している。そのため、供給や物流の小さな断絶が巨大なドミノ現象を引き起こし、全体のシステムの安定性を危険におとしいれることがある。

これら三つの段階（限界への接近、境界超え、増大する複雑性）は、もはや取り返しがつかないうえに結合しており、行きつく先は一つしかない。崩壊である。過去には多くの文明が崩壊したが、いずれもある地域に限定されていた。しかし現在、グローバル化によって「グローバルなシステム系リスク」が生まれ、歴史上初めて、きわめて大規模で、ほとんどグローバルな崩壊の可能性が視界に入ってきた。しかし、それは一日では起きないだろう。崩壊は地域、文化、環境の破壊度によって、異なる速度や形で展開するだろう。したがって、それは複雑なモザイクとして見るべきで、前もって打つ手は何もないのである。

すべての問題は再び経済成長路線に戻ることで解決すると考えるのは、戦略的に重大な間違いである。というのも、それは前提として成長に戻るのを可能としているからである。[421]と同時にとくに、指導者がどんなに時間をかけてこの経済的な目的に集中しても、気候や生態系の安定を保全するのに必要な、真剣な政策はいっさい実施されないだろうからだ。

したがって、化石燃料の消費を早急に、大規模に減らすことしかないのである。現在の再成長か緊縮かの議論はすべて気晴らしにすぎず、根本的な問題からそれている。実際、この入り組んだ状況（苦境）でいくら「解決法」を探してもあるはずがなく、あるのはただ、新しい現実に適応する道をたどることだけなのである。

これらをすべて理解して、発想を逆転させることである。ユートピアが突然、立ち位置を変えたと見るべきだ。現在のユートピアンは、すべてが以前のまま続くと信じている人である。現実主義は逆に、早急で徹底的な移行に向け、残された気力をすべてつぎ込んで、レジリエンスのある地域――土地であれ人間であれ――の構築をめざすことなのである。

全体に適応できる崩壊学に向かって

「破壊的大惨事は忌まわしい運命であり、私たちはそれを望まないと言うべきであり、だからこそ、決して目をそむけることなく、しっかり向き合わなければならない[422]」。第3部の冒頭に引用したジャン＝ピエール・デュピュイの言葉が、崩壊学の基調テーマになるだろう。いっぽう、ハンス・ヨナスは「不幸の予言は、それが起こるのを避けるためのものである[423]」（一九七九年）と言っていた。それから約四〇年、私たちはさらに一歩を進めている。なぜなら不幸を避けるのは非常に難しく、そして私たちなら少しでも影響を弱められることを確信したからである。

人は私たちを悪いニュースばかり知らせると非難することはできる。しかし、私たちを悲観主義と非難する人たちは、私たちのどこが間違っているのかを具体的に証明できなければならないだろう。いまや証明責任は人口論の豊穣の角《つの》派と同じになる。崩壊の考えを排除するのは非常に難しく、クライヴ・ハミルトンが強調するように「甘い考えはもう通用しないだろう[424]」

本書はほんのきっかけにすぎない。あとはこのロジックをより強固にし、最新データを加えれば、本書の9・10章で展開した考察をいっそう深く探索できるだろう。したがって崩壊学の目的は、私たちが以下のように定義するものである。「私たちの産業文明の崩壊とそれに続く文明を、理性と直感の二つの認識法と、既知の科学的研究を土台にして研究する、学際的な作業である」

しかしそれは、前述した内面のトランジションの過程では、小さな助けにしかならないだろう。知識を得て理解するだけでは、この道のりの一〇パーセントにしかならない。同時に、それを信じ、結果として行動し、とくに感情を管理しなければならない。この作業はすべて、すでに「次の世界」に位置するイニシアチブ運動（トランジションのほか、アルテルナティバ、ＺＡＤ〔守るべき土地の意味〕、エコヴィレッジ、トラヴァイユ・キ・ルリ〔連結運動〕のアトリエなど）に参加することで身につくだろう。また、より手軽に学べるものとしては、ドキュメンタリーやワークショップ、小説、マンガ、映画、音楽、ダンス、舞台などもある。

「二日酔い」世代

一九七〇年代、私たちの社会はまだ「持続可能な発展」を構築する可能性があった。選択されたのはそれをしないことだった。一九九〇年代以降は、多くの警告がなされたにもかかわらず、すべては加速して続いた。そして現在、遅すぎるまでになった。

ここで改めて、私たちの祖先は本当に「持続可能」を望んだのか自問してみよう。答えはノーだ。いずれにしろ、ある一時期、テクノロジーや政治の決定権を持った何人かの祖先が、「万事承知のうえで」持続不可能な社会を選択したのである。

たとえば、化石エネルギーの枯渇問題（無駄使い）は、開発が始まった当初の一八〇〇年頃から提起されていた[425]。何人かは分別のある消費を訴えたのだが、その声は隅に追いやられた[426]。イギリスの経済学者ウィリアム・スタンレー・ジェヴォンズ（一八三五―八二）は一八六六年、この石炭問題（ほかの化石エネルギーにも通じる）をうまく要約し、「短期的な栄光と、より長期的な中庸のあいだでなされた歴史的な選択[427]」と語っていた。彼が訴えた選択が何で、どちらが勝ったかは、あえて言わなくてもわかるだろう……。

現在の歴史家の仕事で最も重要なのは、天才肌の経済学者ニコラス・ジョージェスク＝レーゲン（一九〇六―九四）が、一九七〇年代に明快に予感していたことを理解することだ。「起きているこことはすべて、あたかも人類が短くとも興奮できる人生を選択し、ほかの野心的ではない種には、長いがしかし単調な生を残しているようだ[428]」。しかし、これら非常に野心的な祖先の子孫である私たちは、この「短期的な栄光」の終わりに行き着き、その結果に苦しんでいる。私たちには全員、「長期的な中庸」に戻る「最低限の」選択肢しかないのだろうか？　いや、それさえ確信が持てない。

というのも、私たちは地球上に多人数で存在し、攻撃的で予測不能な気候や破壊した生態系、汚染（誰が汚染を検知できるだろう？）、活力を失った生物多様性、文化と共にいるからだ。もしここで奮起して、集団で先手を打たなければ、私たちはポスト産業世界の不気味な沈黙のなか、中世より不確実な状況に戻ることになるだろう。そしてその場合、過度の成長推進派は、私たち全員を「石器時代」に戻すのだろう。

これら「進歩」の賛美者は、短期的な栄光を称えていたのだが、二世紀にわたった、この明日のないお祭り精神には、残りをすべて忘れ、つねにより感動し、動き、叫ぼうという意図があった。そのためにはつねにより多くのエネルギーや物品、速度、支配が必要だった。つねに多くのものを必要とした。

現在、彼らは「祭りが終わった！」[429]あとの二日酔い状態だ。結局、現代性はポストモダンの精神的な打撃で死ぬのではなく、エネルギー不足で死ぬのだろう。そして、仮に生産至上主義世界の錠剤がアンフェタミン系覚醒剤や抗鬱剤だとしたら、この二日酔い世代のアスピリンは、レジリエンスであり、質素、「ローテク」になるのだろう。

もう一つの祭りの方法

これら「進歩主義者」は、「長期的な中庸」をも一蹴していた。しかし、中庸はそれほど並以下だったのだろうか？　現在、たどるべき道――なぜなら、それがあるからだ――には、標識がほとんどなく、人生を根底から変える方向へ導くものだ。複雑さが減り、より小さく、質素になって、生きるものの限界や境界によって細分化される世界である。崩壊は終わりではなく、未来の始まりなのである。その未来で、私たちはお祭りの方法を再び創案することになるだろう。世界と自分自身、他人、私たちを取り巻く人々に心を配る方法である。

世界の終わり？　そのほうがよほど簡単だろう。なぜなら地球はまだここにあり、生命がざわついていれば、私たちは未来を描く責任を取らなければならないからだ。そろそろ大人になる時間である。

講演で一般の人に出会ったとき、私たちは多くの喜びや笑い声に驚いたものだった。最初は失望を隠そうともしなかった人たちが、最後はほっとした気持ちを吐露したのである。なかには、どう表現していいかわからなかった心の奥の不安に、言葉や感情をあてることができたと感謝する人もいた。ほかにも、人生に再び意味を与えることができたと、打ち明けた人もいた。私たちはもう孤立していなかった。多数にさえなった。困難な時代に、多くのネットワークが生まれている。私たちは成長しているのである。

研究を続けたい人のためのサイトは〈www.collapsologie.fr〉

子どもたちよ

切り立った丘、統計のような
斜面が
私たちの前にたちはだかる
険しい上り坂
どこよりも、高く
高くそびえているところへ
私たちは全員で入り込む
人は言う
次の世紀
さらにはそのあとの世紀には
私たち全員が平和に集える
谷や、牧草地があるだろう
これら未来の尾根を越えることが
もしできたら

あなた方にひと言
あなた方と、あなたの子どもたちに
一緒に過ごすように
花を学び
身軽に生きなさいと

ゲーリー・スナイダー『亀の島』（一九七四年）より
〔二十世紀を代表するアメリカの自然派詩人〕

あとがき

本書で扱われたテーマより重要なものがあるだろうか？　ない。そしてまた、これ以上に無視されたテーマはあるだろうか？　それもない。

これが私たちの世界の政治的に矛盾するところだ。私たちは私たちの運命を向上させようと、もちろん固い意志で、改革をしつづけている。しかし、この文明が短期間で消滅することが問題になったことはなく、逆にグローバルな崩壊が切迫している可能性について、これほど多くの情報――本書が山のように示している――を得ることもなかった。政治の側から発信が何もないのは、どこの国であろうと、現在も過去も、驚くことはない。どの政権、どの責任者が、世界の大惨事を分析し、統治している社会の方向性や公共政策を根本から変える結論を引き出しただろう？

現実を否定するこの現象は、たんに政治の短命性と（「すぐに再選を考えなければならない」）、生態学の長期性（生態圏の再生には時間がかかる）が矛盾するからではない。そうではない、この現象はまず人間の認識器官に制限があるのと、社会心理学的な自制によるものだ。

要するに、並外れて恐ろしい出来事が切迫していると――ここでは「世界の崩壊」――言葉で表明されても、それが人為的な結果であっても、その影響を誰も思い描くことができないのである。このズレは現代の熱工業文明の特徴の一つで、それを分析した哲学者ギュンター・アンダース（一九〇二―九二）は、これらを「識閾《しきいき》を超えた」現象と形容した。その場合、私たちは頭のなかで完全なイメージが作れず、どんな影響も感じとることができないという。

それは本書の著者も、私も同じである。私たちはおびただしい数のデータを検討し、推論を重ね、さらにはシステム的な視点で考慮したにもかかわらず、「世界の崩壊」がどんなものになるのか、完全に理論的に思い描くことはできなかった。ただ私たちはそれを、確信に近い直感で感じている。それでも、あえて言わせてもらえば、このような出来事の結果を思い描くのは、もう不可能である。この崩壊で、いったい何人の死者が出るのだろう？

この直感による崩壊の確信は、しかし、他人の反応にぶつかると激しく揺らいでしまう。実際、ここで働くのが鏡のメカニズムと言われるもので、これで説明できるのが、意識閾を超えた出来事が近づいていても社会が動かないことだ。この場合、個人の意志の足し算ではうまく説明がつかない。仮の話として、私が差し迫った崩壊を確信し、この思いを身近な人や出会った人と共有しようとしたとする。何人かは私に同意する可能性はあるが、たいていの場合、大半は、環境問題については詳しくても、最初は認知的不協和に陥って、否定に逃げるだろう。結果として、誰もこの崩壊を止めるための集団行動には出ないだろう。

そのうえ矛盾するのは、最終的に大半の人が切迫する崩壊を確信したとしても、この脅威に組織的に行動して、効果的に立ち向かうとは考えられないことだ。効果的とはつまり、この仮定が実際に起こるのを阻止するため、そのために必要な方法を目に見える形で——個人や集団の行動をすべて変えるなど——、早急に実施することだ。ある地域で、個人の大半がある事実に本気で怒りを覚えているのに、それに対して誰も（あるいは、ほとんど）行動を起こさない例は、枚挙にいとまがない。

その一つが気候変動で、先進国の市民の大半は原因が人為的なものと認めているのに、この現象に対する個人の行動や公共政策はここ二五年、嘆かわしいほどに弱い。同じことは、二十世紀後半の四半世紀、イラクのサダム・フセイン独裁政権でも見られた。この独裁者は、イラク人の大半から残忍な人物と思われていたのだが、個人的な意見の足し算が政権を倒壊させるには至っていない。イラク人はなぜ、それほど嫌っていた暴君に耐えたのだろう？　この明らかな矛盾をどう説明したらいいのだろう？

本書はみなさんに、世界が崩壊寸前にあることを、証拠をそろえて提示した。これを読んだ読者の大半はおそらく、それまでの考えを一変させ、世界の終わりが近いことを信じるようになったと思う。そうして……それだけだ。この問題に見合う行動は、個人的なものも政治的なものも何も（ほとんど）起こらないだろう。

私たちはこの社会的に矛盾する現象について、認識的なアプローチでの説明を試み、本書では、前述したように個人の心理的な限界で説明した。

ここでは、フランス人哲学者ジャン＝ルイ・ヴュリエルムの社会心理学的な視点を根拠に説明しよう。個人的な行動の引き金となるのは、各個人の意見や意志ではなく、その他大勢も行動に出るのを見て、自分も行動すべきかを問いかけるときである。集団（政治的）行動は、行動に出る個人の意志を足し算した現象ではなく、各個人が他人の表現を観察しながら構築するイメージが、行動として表に現われる成果なのである。社会は各個人の表現が交錯するシステムだ。私は、他人が物事や私自身を思い描くやり方を思い描く。別の言い方をすれば、ある個人が抱く世界のモデル、とくに自分自身のモデルは、他人が抱く世界のモデル、とくに他人が自分に抱くモデルが元になっている（ヴュリエルムはこの認識に関する相互関係を「鏡像性」と呼んでいる）。

この仮定に従うと、意志は最初に実在するものではなく、鏡の相互作用によって派生する二義的なものとなる。崩壊の警告を受けた個人は、自分では人生を変えたいかどうかを自問せず、ある程度の数の他人がそうしたときになって真剣に問い直すのである。それぞれが他人と同じ状況にいたとしても、崩壊で人生を変えようとまで思い至るのは、全員の意志によるのではなく、それぞれの交錯した表現、つまり各自が前もってまわりの人たちの行動能力に働きかけた結果なのである。

では、指導者層で崩壊が否定されるのはどうなのだろう？　そこでも鏡の力学が、否応なく働く。敵対心で頭がいっぱいの政界では、切迫する崩壊を確信する動きが拡大するのは、遅いと言わざるをえない。仮に、世界中の指導者が、天啓を受けたように、突然、近未来に崩壊するという判断に取りつかれたとしても、彼らが最初にするのは、政界の知人やライバルがこの確信を共有しているかどうか自問することだろう。それぞれ大惨事が切迫しているのを知っていながら、他人が知っているかどうかはわからない。それぞれが他人の失策――つまり、確信していることを強引にすっぱ抜かれる――をうかがいながら、結局は誰もそれを口に出さないだろう。それぞれが承知しているこの確信はしかし、共通の知識（一般常識）ではない。

共通の行動となるともっとありえない。なぜなら、行動に出るということは公共政策を一変させ、産業社会の生産や消費モデルを根本的に変えることになるからだ。その前提となるのは、市民自身がこの世界モデル――崩壊が切迫していることの確信――を自分のものにし、そしてその結果として生活様式を根底から変えることを受け入れていることだ。したがって、崩壊の否定は各自が頭のなかであらぬことを考えるからではなく、鏡のメカニズムから出現するシステム的効果なのである。

こうして、トランジション運動や成長反対派の急激な躍進がなければ、崩壊は避けられないものとなる。なぜならそれは、崩壊後の科学的知識が不確実だからではなく、人間につきまとう社会心理が邪魔をして、適時に、最良の決断ができないからなのである。

それでも、本書の著者と同じように、私が思うのは、崩壊学者になるには、研究と併行してつねに震えを感じなければいけないということだ。この分野はほかのどの分野よりも、考察や感情が環境の終末論と密接に混ざりあい、個人的、集団的な死の問題もまた、探究の対象になってくる。この研究には、無邪気に、いまの生活が全体的に何も変わらないと信じていては取り組めない。

また、公共の場でグローバルな崩壊の話をするときは、私たちの発言が聴取者に大きな反響を与えることも肝に銘じなければならない。崩壊学は責任を学ぶ一つの学校である。私たちが探究している崩壊が複雑すぎて私たちを超えているように、私たち個々を超えた方法で直接、あるモラルへと導くものである。この抽象的な方法は、言葉で言えば思いやりであり、感情移入、あるいは愛他主義、そんなところだろうか。

しかし、私たちはこのモラルの力が、なにがしかの定説や宗教が説くように、私たち自身の外部にあるとは感じておらず、私たちの内部にあると思っている。私たちの精神はいまや多くの崩壊のイメージや考えで満ちあふれており、そこで分解できない混合物のように混ざりあっていると思われる。しかし要注意！　私は崩壊学が人道的な賢明さや隣人愛へ導くとは言っていない。矛盾するようだが、世界に重くのしかかる脅威を知らずにのほほんと生きる、ごく普通の人々に対しての嫌悪感をともなうこともよくある。

私が言いたいのはただ、崩壊学はその目的からいって、善と悪を見分けるように導く学問だということだ。善は、死者の数を減らす行動すべてといえ、悪は、この規準を無視し、あるいは最悪、おびただしい数の死に病的な喜びを感じるものといえる。その意味で、私はモラル上の責任所在の判断を、自分自身と、他人に下すことができるだろう。

イヴ・コシェ
元環境大臣〔ジョスパン首相時代〕
モメンタム研究所代表

謝辞

本書ではたくさんの人たちに感謝しなければならない。まず、私たちの原稿を注意深く、熱心に、好意的に読み直してくれたクリストフ・ボヌイユ、ゴーティエ・シャペル、エリーズ・モネット、オリヴィエ・アレア、ダニエル・ロダリィ、ジャン・シャネル、イヴ・コシェ、フロール・ブデへ。

なかでも特別な謝意を、本書のために「あとがき」を提供してくれたイヴ・コシェと、私たちの考えとプロジェクトを信じて本書を編集し、どんな試練にも耐えて私たちを導いてくれたクリストフ・ボヌイユへ。編集の細かな作業を担当したスイユ社のソフィー・リュイリエとシャルル・オリヴェロにも感謝したい。また、最終的に詩的な考えがひらめいたのは仲間のゴーティエ・シャペルだった。これが困難なときのネットワークの重要なひとこまとなり、以降、崩壊学者は鍛えられた。

そしてまた、これらのタブーな問題について、実り多い意見交換の場と、時間を作るきっかけを与えてくれた「モメンタム研究所」のアニエス・シナイとイヴ・コシェ（またもや彼）、研究所の友人たちにも感謝すると同時に、本書の原稿を書く前に、これらの考えを発表する機会をくれた各種組織、「バリカード」「エトピア」「ナチュール&プログレ」「ビー・トランジションン」「イマジン」そして「レフラクション」の友人たちにも感謝したい。

この研究と原稿を書くための物理的条件は、とくに二〇一四年の終わり頃は厳しかったのだが、仲間や家族、友人、隣人が結集して私たちを支援し、物理的、精神的に素晴らしい条件を整えてくれたおかげで、本書を無事に出版できたことには、深い感謝の念を抱いている。

そういうわけでエリーズ、ステファニー、ネリィとミシェル、シャンタルとピエール、ブリジットとフィリップ、モニク、ブノワとキャロリーヌ、アントワーヌとサンドリン、トマとノエル、フィリップとマルティーヌ、ピエール=アントワーヌとグウェンドリン、そして、B'z(ビーズ)にも感謝しなければ!

最後に、講演やワークショップ、研修が終わったあとに私たちに会いにきて、これらの研究を続けるよう励ましてくれた、すべての人たちに、心からの感謝を!

petrole.blog.lemonde.fr/.
(422) J.-P. Dupuy, *Pour un catastrophisme éclairé, op. cit.*, p. 84-85.
(423) H. Jonas, *Le Principe responsabilité*, Flammarion, 1998 [1979].［ハンス・ヨナス『責任という原理——科学技術文明のための倫理学の試み』加藤尚武監訳、東信堂、2000年］
(424) C. Hamilton, 2013, *op. cit.*, p. 11.
(425) Ch. Bonneuil et J.-B. Fressoz, *L'Événement Anthropocène, op. cit.*, p. 218.
(426) *Ibid.*, note de bas de page 359.
(427) *Ibid.*, note de bas de page 362.
(428) N. Georgescu-Roegen, *La Décroissance. Entropie, écologie, économie*, 3e édition revue, Paris, Sang de la Terre et Ellébore, 2006.［ニコラス・ジョージェスク＝レーゲン『エントロピー法則と経済過程』高橋正立ほか訳、みすず書房、1993年］
(429) R. Heinberg, *Pétrole : la fête est finie !*, Demi-Lune, 2008.

(403) Agnès Sinaï (dir.), *Économie de l'après-croissance. Politiques de l'Anthropocène II*, Presses de Sciences Po, 2015 ; J. M. Greer, *La Fin de l'abondance – L'économie dans un monde post-pétrole*, Écosociété, 2013.

(404) J. Diamond, 2009, *op. cit.*, p. 468.

(405) A. Canabate, « La cohésion sociale en temps de récession prolongée. Espagne, Grèce, Portugal », étude réalisée pour le groupe Les Verts/ALE au Parlement européen, 2014.

(406) A. Miller et R. Hopkins, « Climate after growth », *op. cit.*, note de bas de page n° 9.

(407) D. Holmgren, « Crash on demand », *op. cit.*

(408) P. Servigne et Ch. Araud, « La transition inachevée. Cuba et l'après-pétrole », *Barricade*, 2012 ; disponible sur www.barricade.be.

(409) M. Davis, « Écologie en temps de guerre. Quand les États-Unis luttaient contre le gaspillage des ressources », *Mouvements*, 54, 2008, p. 93-98.

(410) M. Szuba, « Régimes de justice énergétique », *in* Agnès Sinaï (dir.), *Penser la décroissance*, *op. cit.*, p. 132.

(411) *Ibid.*, p. 120.

(412) *Ibid.*, p. 134-135.

(413) *Ibid.*, p. 136.

(414) M. Rocard *et al.*, « Le genre humain, menacé », *Le Monde*, 2 avril 2011.

(415) N. Klein, *La Stratégie du choc. La montée d'un capitalisme du désastre*, Actes Sud, 2008. ［ナオミ・クライン『ショック・ドクトリン――惨事便乗型資本主義の正体を暴く』幾島幸子・村上由見子訳、岩波書店、2011年］

(416) H. Kempf, *L'Oligarchie ça suffit, vive la démocratie*, Seuil, 2011.

(417) L. Semal, « Politiques locales de décroissance », *op. cit.*, p. 147.

(418) P. R. Ehrlich et A. H. Ehrlich, « Can a collapse of global civilization be avoided ? », 2013, *op. cit.*, p. 20122845.

(419) C. Hamilton, 2013, *op. cit.*, p. 12.

(420) A. Miller et R. Hopkins, « Climate after growth », *op. cit.*

(421) Ce qui n'est plus possible, voir T. Piketty, *Le Capital au XXIe siècle*, *op. cit.* ou « Le vrai rôle de l'énergie va obliger les économistes à changer de dogme », entretien de Gaël Giraud publié le 14 avril 2014 sur le blog http://

mate for change », in *Creating a Climate for Change : Communicating Climate Change and Facilitating Social Change*, Cambridge University Press, 2007, p. 491-516 ; M. Milinski *et al.*, « The collective-risk social dilemma and the prevention of simulated dangerous climate change », *PNAS*, n° 105, 2008, p. 2291-2294.

(389) D. Servan-Schreiber, *Anticancer*, Robert Laffont, 2007.

(390) C. Hamilton, 2013, *op. cit.*, p. 11.

(391) *Id.*, p. 7.

(392) *Id.*

(393) *Id.* ; J. Macy, *Écopsychologie pratique et rituels pour la Terre. Retrouver le lien vivant avec la nature*, Le Souffle d'Or, 2008 ; B. Plotkin, *Nature and the Human Soul : Cultivating Wholeness in a Fragmented World*, New World Library, 2008 ; C. Baker, *Navigating the Coming Chaos : A Handbook for Inner Transition*, iUniverse, 2011.

(394) Voir par exemple le site de Terr'Eveille : www.terreveille.be.

(395) C. Hamilton, 2013, *op. cit.*, p. 9.

(396) D. J. F. de Quervain *et al.*, « The neural basis of altruistic punishment », *Science*, n° 305, 2004, p. 1254-1258.

(397) Comité invisible, *L'Insurrection qui vient*, La Fabrique, 2007［不可視委員会『来たるべき蜂起』『来たるべき蜂起』翻訳委員会、彩流社、2010年］; Comité invisible, *À nos amis*, La Fabrique, 2014.［不可視委員会『われわれの友へ』HAPAX訳、夜光社、2016年］

(398) *Silence, Imagine, Bastamag, La Décroissance* ou *Passerelle Éco.*

(399) R. Hopkins, *Ils changent le monde*, *op. cit.* ; B. Manier, *Un million de révolutions tranquilles*, Les Liens qui Libèrent, 2012.

(400) L. Semal, « Politiques locales de décroissance », *op. cit.*, p. 144.

(401) R. Hopkins, *The Transition Companion : Making Your Community More Resilient in Uncertain Times*, Chelsea Green Publishing Company, 2011.

(402) B. Thévard, « Vers des territoires résilients », étude réalisée pour le groupe Les Verts/ALE au Parlement européen, 2014 ; R. Hopkins, *Manuel de Transition – de la dépendance au pétrole à la résilience locale*, Écosociété/Silence, 2010.

ものである。

(371) L. Semal, « Politiques locales de décroissance », *in* Agnès Sinaï (dir.), *Penser la décroissance, op. cit.*, p. 157.

(372) Lire à ce sujet les articles de P. Servigne, « Au-delà du vote "démocratique". Les nouveaux modes de gouvernance », et « Outils de facilitation et techniques d'intelligence collective », publiés par *Barricade* en 2011. Disponibles sur www.barricade.be.

(373) C. Hamilton, *Requiem pour l'espèce humaine*, Les Presses de Sciences Po, 2013.

(374) C. Dilworth, *Too Smart for Our Own Good : The Ecological Predicament of Humankind*, Cambridge University Press, 2010.

(375) G. Harman, « Your brain on climate change : why the threat produces apathy, not action », *The Guardian*, 10 novembre 2014.

(376) C. Hamilton, *Requiem pour l'espèce humaine, op. cit.*, p. 139.

(377) C. Roberts, *Ocean of Life*, Penguin, 2013, p. 41.

(378) D. Meadows, « Il est trop tard pour le développement durable », 2013, *op. cit.*, p. 199.

(379) J.-P. Dupuy, *Pour un catastrophisme éclairé, op. cit.*, p. 142.

(380) D. Meadows, 2013, *op. cit.*, p. 204.

(381) D. Meadows, 2013, *op. cit.*, p. 203.

(382) *Id.*

(383) N. Oreskes et E. M. Conway, *Les Marchands de doute*, Paris, Le Pommier, 2012［ナオミ・オレスケス／エリック・M・コンウェイ『世界を騙しつづける科学者たち』〈上・下〉福岡洋一訳、楽工社、2011年］; S. Foucart, *La Fabrique du mensonge : comment les industriels manipulent la science et nous mettent en danger*, Denoël, 2013.

(384) N. Oreskes et E. M. Conway, 2012, *op. cit.*, p. 26.

(385) K. Brysse *et al.*, « Climate change prediction : Erring on the side of least drama ? », *Global Environmental Change*, vol. 23, n° 1, p. 327-337.

(386) C. Hamilton, *Requiem pour l'espèce humaine, op. cit.*, p. 8.

(387) *Id.*

(388) S. C. Moser et L. Dilling, « Toward the social tipping point : Creating a cli-

(359) D. P. Aldrich, *Building Resilience. Social Capital in Post-Disaster Recovery*, University of Chicago Press, 2012.［ダニエル・P・アルドリッチ『災害復興におけるソーシャル・キャピタルの役割とは何か——地域再建とレジリエンスの構築』石田祐・藤澤由和訳、ミネルヴァ書房、2015年］

(360) R. Solnit, *A Paradise Built in Hell : The Extraordinary Communities That Arise in Disaster*, Penguin Books, 2012.［レベッカ・ソルニット『災害ユートピア——なぜそのとき特別な共同体が立ち上がるのか』高月園子訳、亜紀書房、2010年］

(361) Cité par J. Lecomte, *La Bonté humaine. Altruisme, empathie, générosité*, Odile Jacob, Paris, 2012, p. 24.

(362) L. Clarke, « Panic : myth or reality ? », *Contexts*, vol. 1, n° 3, 2002, p. 21-26.

(363) R. Olshansky, « San Francisco, Kobe, New Orleans : Lessons for rebuilding », *Social Policy*, vol. 36, n° 2, 2006, p. 17-19.

(364) Par exemple D. Helbing et W. Yu, « The outbreak of cooperation among success-driven individuals under noisy conditions », *PNAS*, vol. 106, n° 10, 2009, p. 3680-3685.

(365) J. Lecomte, *La Bonté humaine*, *op. cit.*

(366) J.-M. Jancovici, « Combien suis-je un esclavagiste ? », *Manicore*, 2013. www.manicore.com/documentation/esclaves.html.

(367) S. Bowles et H. Gintis, *A cooperative Species : Human Reciprocity and Its Evolution*, Princeton University Press, 2011.［サミュエル・ボウルズ／ハーバート・ギンタス『協力する種——制度と心の共進化』竹澤正哲監訳、NTT出版、2017年］

(368) 大事故の映画、とくに飛行機事故の映画や、ほとんどのゾンビ映画で紹介されがちな現象。もっと詳しく知りたい人は次の本を読むといい。L. Clarke, « Panic : myth or reality ? », *Contexts*, vol. 1, n° 3, 2002, p. 21-26.

(369) B. E. Goldstein *et al.*, « Narrating resilience : transforming urban systems through collaborative storytelling », *in* « Special issue : Governing for urban resilience », *Urban Studies*, 2013, p. 1-17.

(370)「トランジション物語」とは、トランジション・イニシアチブによって考案された活動で、初等・中等教育の子供たちの意識を高めるため、オイルピークと気候変動の二つの問題で、ポジティブな物語をベースにした解決法を考える

［エスター・ボズラップ『農業成長の諸条件――人口圧による農業変化の経済学』安沢秀一・安沢みね訳、ミネルヴァ書房、1975年］

(348) H. Stoeckel, *La Faim du monde*, Max Milo, 2012.

(349) V. Smil, *Enriching the Earth : Fritz Haber, Carl Bosch, and the Transformation of World Food Production*, MIT press, 2004［バーツラフ・スミル『世界を養う――環境と両立した農業と健康な食事を求めて』逸見謙三・柳澤和夫訳、食料農業政策研究センター国際部会、2003年］; N. Gruber et J. N. Galloway, « An Earth-system perspective of the global nitrogen cycle », *Nature*, n° 451, 2008, p. 293-296.

(350) P. Rasmont et S. Vray, « Les crises alimentaires en Belgique au XXIe siècle », *Les Cahiers nouveaux*, n° 85, 2013, p. 47-50.

(351) G. C. Daily et P. R. Ehrlich, « Population, sustainability, and Earth's carrying capacity », *BioScience*, 1992, p. 761-771.

(352) ジェヴォンズのパラドックスとも呼ばれ、資源を有効に使用する技術の導入により、資源の消費量は減少するどころか逆に増加するという矛盾。

(353) H. Welzer, *Les Guerres du climat. Pourquoi on tue au XXIe siècle*, Gallimard, 2009.

(354) IPCC, « Summary for Policymakers », in *Climate Change 2014 : Impacts, Adaptation, and Vulnerability. Part A : Global and Sectoral Aspects. Contribution of Working Group II to the Fifth Assessment Report of the Intergovernmental Panel on Climate Change*, Cambridge University Press, Cambridge-New York, p. 1-32.

(355) S. M. Hsiang, M. Burke et E. Miguel, « Quantifying the influence of climate on human conflict », *Science*, vol. 341, n° 6151, 2013, p. 1235367.

(356) J. O' Loughlin *et al.*, « Modeling and data choices sway conclusions about climate-conflict links », *PNAS*, n° 111, 2014, p. 2054-2055.

(357) J. Scheffran et A. Battaglini, « Climate and conflicts : the security risks of global warming », *Regional Environmental Change*, vol. 11, n° 1, 2011, p. 27-39.

(358) N. M. Ahmed, « Pentagon preparing for mass civil breakdown », *The Guardian*, 12 juin 2014 ; « Pentagon bracing for public dissent over climate and energy shocks », *The Guardian*, 14 juin 2013.

(332) Voir aussi le troisième modèle d'Yves Cochet, « Les trois modèles du monde », *in* Agnès Sinaï (dir.), *Penser la décroissance, op. cit.*, p. 62-71.
(333) I. Wallerstein, *Comprendre le monde. Introduction à l'analyse des systèmes-monde*, La Découverte, 2006. ［イマニュエル・ウォーラーステイン『入門・世界システム分析』山下範久訳、藤原書店、2006年］
(334) G. D. Kuecker et T. D. Hall, « Resilience and community in the age of World-system collapse », *Nature and Culture*, vol. 6, 2011, p. 1840.
(335) O. De Schutter *et al.*, *Agroécologie et droit à l'alimentation, op. cit.*
(336) DEFRA, « UK Food Security Assessment : Detailed Analysis », 2010.
(337) D. Korowicz, « On the cusp of collapse : Complexity, energy and the globalised economy », in *Fleeing Vesuvius. Overcoming the Risks of Economic and Environmental Collapse*, FEASTA & New Society Publishers, 2010.
(338) « Rusting brakes : Germany faces freight train shortage as growth picks up », *Spiegel Online*, 5 avril 2010 ; http://www.spiegel.de/international/business/rusting-brakes-germany-faces-freight-train-shortage-as-growth-picks-up-a-687291.html.
(339) M. Derex *et al.*, « Experimental evidence for the influence of group size on cultural complexity », *Nature*, vol. 503, n° 7476, 2013, p. 389-391.
(340) *Ibid.*, p. 391.
(341) « Le déclin du nucléaire », interview de Mycle Schneider, *Silence*, n° 410, 2013, p. 5-9.
(342) *Id.*
(343) R. Heinberg et J. Mander, *Searching for a Miracle : Net Energy Limits and the Fate of Industrial Society*, Post-Carbon Institute, 2009, p. 37.
(344) Pour plus de détails sur cette problématique, voir P. Servigne, « Le nucléaire pour l'après-pétrole ? », *Barricade*, 2014. Disponible sur www.barricade.be.
(345) M. Sourrouille (coord.), *Moins nombreux, plus heureux. L'urgence écologique de repenser la démographie*, Sang de la Terre, 2014.
(346) P. Gerland *et al.*, « World population stabilization unlikely this century », *Science*, vol. 346, n° 6206, 2014, p. 234-237.
(347) E. Boserup, *Évolution agraire et pression démographique*, Flammarion, 1970.

versity Press, 2003［ピーター・ターチン『国家興亡の方程式——歴史に対する数学的アプローチ』水原文訳、ディスカヴァー・トゥエンティワン、2015年］; *War and Peace and War : The Rise and Fall of Empires*, Penguin Group, 2007 ; avec S. Nefedov, *Secular Cycles*, Princeton University Press, 2009.

(319) B. Ward-Perkins, *La Chute de Rome*, Alma, 2014.［ブライアン・ウォード＝パーキンズ『ローマ帝国の崩壊——文明が終わるということ』南雲泰輔訳、白水社、2014年］

(320) K. W. Butzer, « Collapse, environment, and society », *PNAS*, vol. 109, n° 10, 2012, p. 3632-3639.

(321) V. Duvat et A. Magnan, *Des catastrophes... « naturelles » ?*, Le Pommier, 2014.

(322) W. Ophuls, *Immoderate Greatness : Why Civilizations Fail*, CreateSpace Independent Publishing Platform, 2012, p. 63.

(323) P. Turchin et S. Nefedov, *Secular cycles, op. cit.*

(324) K. W. Butzer, *op. cit.*

(325) D. Biggs *et al.*, « Are we entering an era of concatenated global crises ? », *Ecology and Society*, vol. 16, n° 2, 2011, p. 27-37.

(326) D. Orlov, *Reinventing Collapse : The Soviet Experience and American Prospects*, New Society Publishers, 2008. Voir aussi son excellent blog : http://cluborlov.blogspot.com.

(327) D. Orlov, *The Five Stages of Collapse : Survivors' Toolkit*, New Society Publishers, 2013.［ドミートリー・オルロフ『崩壊５段階説——生き残る者の知恵』大谷正幸訳、新評論、2015年］

(328) D. Orlov, « The sixth stage of collapse », *ClubOrlov*, 22 octobre 2013 ; http://cluborlov.blogspot.be/2013/10/the-sixth-stage-of-collapse.html.

(329) L. H. Gunderson et C. S. Holling, *Panarchy : Understanding Transformations in Human and Natural Systems*, Island Press, 2002.

(330) D. Korowicz, *Tipping Point : Near-Term Systemic Implications of a Peak in Global Oil Production. An Outline Review*, FEASTA & The Risk/Resilience Network, 2010.

(331) J. M. Greer, *The Long Descent*, op. cit.

(307) J. Diamond, *Effondrement : comment les sociétés décident de leur disparition ou de leur survie*, Gallimard, « Folio », 2009 [2005], p. 16.
(308) P. Clastres, *La Société contre l'État*, éd. de Minuit, 2011 ; J. C. Scott, *Zomia ou l'art de ne pas être gouverné*, Seuil, 2013.［ピエール・クラストル『国家に抗する社会——政治人類学研究』渡辺公三訳、水声社、1989年；ジェームズ・C・スコット『ゾミア——脱国家の世界史』佐藤仁監訳、みすず書房、2013年］
(309) P. Kropotkine, *L'Entraide. Un facteur de l'évolution*, Aden éditions, 2009.［ピョートル・クロポトキン『相互扶助論』大杉栄訳、同時代社、2017年］
(310) E. M. Conway et N. Oreskes, *L'Effondrement de la civilisation occidentale*, Les Liens qui Libèrent, 2014.［エリック・M・コンウェイ／ナオミ・オレスケス『こうして、世界は終わる——すべてわかっているのに止められないこれだけの理由』度会圭子訳、ダイヤモンド社、2015年］
(311) J. M. Greer, *The Long Descent : A User's Guide to the End of the Industrial Age*, New Society Publishers, 2008.
(312) S. Latouche, *Le Pari de la décroissance*, Fayard, 2006.
(313) Ibn Khaldoun, dans son célèbre ouvrage *Al-Muqaddima (Introduction à l'histoire universelle)*, ou en français *Les Prolégomènes*, 1377.［イブン＝ハルドゥーン『歴史序説〈１・２・３〉』森本公誠訳、岩波文庫、2001年］
(314) Montesquieu, *Considérations sur les causes de la grandeur des Romains et de leur décadence*, 1734.［モンテスキュー『ローマ人盛衰原因論』田中治男・栗田伸子訳、岩波文庫、1989年］
(315) E. Gibbon, *Histoire de la décadence et de la chute de l'Empire romain*, Lefèvre, 1819 [1776-1788].［エドワード・ギボン『ローマ帝国衰亡史』〈全10巻〉中野好夫訳、ちくま学芸文庫、1997年］
(316) O. Spengler, *Le Déclin de l'Occident* (2 tomes 1918-1922), Gallimard, 2000 [1948].［オスヴァルト・シュペングラー『西欧の没落』〈Ⅰ・Ⅱ〉村松正俊訳、中央公論新社、2017年］
(317) A. Toynbee, *L'Histoire. Les grands mouvements de l'histoire à travers le temps, les civilisations, les religions*, Elsevier, « Séquoia », 1975.［アーノルド・トインビー『歴史の研究』〈全25巻〉下島連訳、「歴史の研究」刊行会、1966〜1972年］
(318) P. Turchin, *Historical Dynamics : Why States Rise and Fall*, Princeton Uni-

(294) C. B. Field *et al.*, « Climate change 2014 : impacts, adaptation, and vulnerability », Contribution of Working Group II to the Fifth Assessment Report of the Intergovernmental Panel on Climate Change (IPCC), 2014.
(295) T. Piketty, *Le Capital au XXIe siècle*, Seuil, 2013. ［トマ・ピケティ『21世紀の資本』山形浩生・守岡桜・森本正史訳、みすず書房、2014年］
(296) Voir E. Marshall, « Tax man's gloomy message : The rich will get richer », *Science*, vol. 344, n° 6186, 2014, p. 826827.
(297) E. Saez et G. Zucman, « Wealth inequality in the United States since 1913 : Evidence from capitalized income Tax Data », *Working Paper*, National Bureau of Economic Research, 2014 ; http://www.nber.org/papers/w20625.
(298) S. Motesharrei *et al.*, *op. cit.*, p. 100.
(299) D. Meadows *et al.*, *Halte à la croissance : Rapport sur les limites de la croissance*, Fayard, 1973 [1972].
(300) 世界53カ国の科学者、経済学者、国家ならびに国際機関の職員、および実業家からなる民間シンクタンク（ウィキペディアより）。
(301) D. H. Meadows *et al.*, *Beyond the Limits : Global Collapse or a Sustainable Future*, Earthscan Publications Ltd, 1992. ［ドネラ・H・メドウズほか『限界を超えて——生きるための選択』松橋隆治・村井昌子訳、ダイヤモンド社、1992年］
(302) D. Meadows *et al.*, *Limits to Growth : The 30-Year Update*, *op. cit.* La traduction française est disponible aux éditions Rue de l'Échiquier, 2012.
(303) G. M. Turner, « A comparison of The Limits to Growth with 30 years of reality », *Global Environmental Change*, vol. 18, n° 3, 2008, p. 397-411 ; G. M. Turner, « On the cusp of global collapse ? Updated comparison of *The Limits to Growth* with historical data », *GAIA-Ecological Perspectives for Science and Society*, vol. 21, n° 2, 2012, p. 116-124.
(304) En plus des entretiens parus dans *Le Monde*, *Libération*, *Imagine* ou *Terra Eco*, lire son article « Il est trop tard pour le développement durable », *in* Agnès Sinaï (dir.), *Penser la décroissance. Politiques de l'Anthropocène*, Les Presses de Sciences-Po, « Nouveaux Débats », 2013, p. 195-210.
(305) J.-P. Dupuy, *Pour un catastrophisme éclairé*, *op. cit.*, p. 84-85.
(306) Dictionnaire Littré en ligne (XMLittr. v2) ; www.littre.org.

(281) R. May *et al.*, « Complex systems : Ecology for bankers », *Nature*, vol. 451, n° 7181, 2008, p. 893-895.

(282) Institute of Chartered Accountants in Australia, « Early warning systems : Can more be done to avert economic and financial crises ? », 2011.

(283) M. Gallegati, « Early warning signals of financial stress : A "Wavelet-Based" composite indicators approach », in *Advances in Non-linear Economic Modeling*, Berlin-Heidelberg, Springer, 2014, p. 115-138 ; R. Quax *et al.*, « Information dissipation as an early-warning signal for the Lehman Brothers collapse in financial time series », *Scientific Reports*, vol. 3, 30 mai 2013.

(284) V. Dakos *et al.*, « Resilience indicators : prospects and limitations for early warnings of regime shifts », *Philosophical Transactions of the Royal Society B : Biological Sciences*, vol. 370, n° 1659, 2015, p. 20130263.

(285) S. R. Carpenter *et al.*, « A new approach for rapid detection of nearby thresholds in ecosystem time series », *Oikos*, vol. 123 n° 3, 2014, p. 290-297.

(286) S. Kéfi *et al.*, « Early warning signals also precede non-catastrophic transitions », *Oikos*, vol. 122, n° 5, 2013, p. 641-648.

(287) Institute of Chartered Accountants in Australia, *op. cit.*

(288) J.-P. Dupuy, *Pour un catastrophisme éclairé*, *op. cit.*, p. 132.

(289) S. Motesharrei *et al.*, « Human and nature dynamics (HANDY) : Modeling inequality and use of resources in the collapse or sustainability of societies », *Ecological Economics*, vol. 101, 2014, p. 90102.

(290) H. Kempf, *Comment les riches détruisent la planète*, Seuil, 2009.［エルヴェ・ケンプ『金持ちが地球を破壊する』北牧秀樹・神尾賢二訳、緑風出版、2010年］

(291) J. Stiglitz, *Le Prix de l'inégalité*, Les Liens qui Libèrent, 2012.［ジョセフ・スティグリッツ『世界の99%を貧困にする経済』楡井浩一・峯村利哉訳、徳間書店、2012年］

(292) R. Wilkinson et K. Pickett, *Pourquoi l'égalité est meilleure pour tous*, Les Petits Matins/Institut Veblen, 2013.［リチャード・ウィルキンソン／ケイト・ピケット『平等社会——経済成長に代わる、次の目標』酒井泰介訳、東洋経済新報社、2010年］

(293) S. Lansley, *The Cost of Inequality : Three Decades of the Super-Rich and the Economy*, Gibson Square Books Ltd, 2011.

望月衛訳、ダイヤモンド社、2009年]
(265) Cité par J.-P. Dupuy, *Pour un catastrophisme éclairé, op. cit.*, p. 105.
(266) *Ibid.*, p. 84-85.
(267) D. J. Snowden et M. E. Boone, « A leader's framework for decision making », *Harvard Business Review*, vol. 85, n° 11, 2007, p. 59-69.
(268) J.-P. Dupuy, *Pour un catastrophisme éclairé, op. cit.*, p. 13.
(269) Hans Jonas, cit. par J.-P. Dupuy, *Pour un catastrophisme éclairé, op. cit.*
(270) J.-P. Dupuy, *Pour un catastrophisme éclairé, op. cit.*, p. 63.
(271) *Ibid.*, p. 84-85.
(272) S. Kéfi *et al.*, « Spatial vegetation patterns and imminent desertification in Mediterranean arid ecosystems », *Nature*, vol. 449, n° 7159, 2007, p. 213-217.
(273) L. Dai *et al.*, « Slower recovery in space before collapse of connected populations », *Nature*, vol. 496, n° 7445, 2013, p. 355-358.
(274) S. Carpenter *et al.*, « Early warnings of regime shifts : A whole-ecosystem experiment », *Science*, vol. 332, n° 6033, 2011, p. 1079-1082 ; A. J. Veraart *et al.*, « Recovery rates reflect distance to a tipping point in a living system », *Nature*, vol. 481 n° 7381, 2012, p. 357-359 ; L. Dai *et al.*, « Generic indicators for loss of resilience before a tipping point leading to population collapse », *Science*, vol. 336, n° 6085, 2012, p. 1175-1177.
(275) C. A. Boulton *et al.*, « Early warning signals of Atlantic Meridional Overturning Circulation collapse in a fully coupled climate model », *Nature communications*, vol. 5, n° 5752, 2014.
(276) T. Lenton *et al.*, « Tipping elements in the Earth's climate system », *Proceedings of the National Academy of Sciences*, vol. 105, n° 6, 2008, p. 1786-1793.
(277) R. Wang *et al.*, « Flickering gives early warning signals of a critical transition to a eutrophic lake state », *Nature*, vol. 492, n° 7429, 2012, p. 419-422.
(278) A. J. Veraart *et al.*, 2012, *op. cit.*
(279) J. Bascompte et P. Jordano, « Plant-animal mutualistic networks : the architecture of biodiversity », *Annual Review of Ecology, Evolution, and Systematics*, vol. 38, 2007, p. 567-593.
(280) M. Scheffer *et al.*, « Anticipating critical transitions », *Science*, vol. 338, n° 6105, 2012, p. 344-348.

(247) S. Kroft, « Falling apart : America's neglected infrastructure », *CBS News*, 23 novembre 2014 ; http://www.cbsnews.com/news/falling-apart-america-neglected-infrastructure/.
(248) *Id.*
(249) D. Korowicz, « Trade-Off : Financial system supply-chain cross-contagion », *op. cit.*
(250) D. MacKenzie, « Will a pandemic bring down civilisation ? », *op. cit.*
(251) *Id.*
(252) Cité par D. MacKenzie, *op. cit.*
(253) *Id.*
(254) I. Goldin, *Divided Nations : Why global governance is failing, and what we can do about it*, Oxford University Press, 2013.
(255) B. Walker *et al.*, « Looming global-scale failures and missing institutions », *Science*, vol. 325, n° 5946, 2009, p. 1345-1346.
(256) D. Helbing, « Globally networked risks and how to respond », *Nature*, vol. 497, n° 7447, 2013, p. 51-59.
(257) « L'ONU estime qu'un million de personnes sont menacées par la faim à cause d'Ebola », *LeMonde.fr*, 17 décembre 2014.
(258) R. Barroux, « Ebola met à mal tout le système de santé guinéen », *Le Monde*, 31 décembre 2014.
(259) A. B. Frank *et al.*, « Dealing with femtorisks in international relations », *PNAS*, vol. 111, n° 49, 2014, p. 17356-17362.
(260) P. R. Ehrlich, *The Population Bomb*, Ballantine Books, 1968.［ポール・R・エーリック『人口爆弾』宮川毅訳、河出書房新社、1974年］
(261) R. Carson, *Printemps silencieux*, Wildproject, 2014 [1962].［レイチェル・カーソン『沈黙の春』青樹簗一訳、新潮文庫、1974年］
(262) D. Nuccitelli, « A remarkably accurate global warming prediction, made in 1972 », *The Guardian*, 19 mars 2014.
(263) A. Kilpatrick et A. Marm, « Globalization, land use, and the invasion of West nile virus », *Science*, vol. 334, n° 6054, 2011, p. 323-327.
(264) N. N. Taleb, *Le Cygne noir*, Les Belles Lettres, 2010 [2007].［ナシーム・ニコラス・タレブ『ブラック・スワン――不確実性とリスクの本質』〈上・下〉

(236) H. Escaith, « Trade collapse, trade relapse and global production networks : supply chains in the great recession », MPRA Paper n° 18274, OECD Roundtable on impacts of the economic crisis on globalization and global value chains, Paris, 28 octobre 2009 ; H. Escaith *et al*, « International supply chains and trade elasticity in times of global crisis », World Trade Organization (Economic Research and Statistics Division), 2010, Staff Working Paper ERSD-2010-08.

(237) K. J. Mizgier *et al*., « Modeling defaults of companies in multi-stage supply chain networks », *International Journal of Production Economics*, vol. 135, n° 1, 2012, p. 14-23 ; S. Battiston *et al*., « Credit chains and bankruptcy propagation in production networks », *Journal of Economic Dynamics and Control*, vol. 31, n° 6, 2007, p. 2061-2084.

(238) A. G. Haldane et R. M. May, « Systemic risk in banking ecosystems », *Nature*, vol. 469, n° 7330, 2011, p. 351-355.

(239) SWIFT (Society for Worldwide Interbank Financial Telecommunication) ; http://www.swift.com/about_swift/company_information/company_information.

(240) Oxford Economics, *The Economic Impacts of Air Travel Restrictions Due to Volcanic Ash*, Abbey House, 2010.

(241) N. Robinson, « The politics of the fuel protests : Towards a multi-dimensional explanation », *The Political Quarterly*, vol. 73, n° 1, 2002, p. 58-66.

(242) A. McKinnon, « Life without trucks : The impact of a temporary disruption of road freight transport on a national economy », *Journal of Business Logistics*, vol. 27, n° 2, 2006, p. 227-250.

(243) R. D. Holcomb, « When trucks stop, America stops », American Trucking Association, 2006.

(244) D. McKenzie, « Will a pandemic bring down civilisation ? », *New Scientist*, 5 avril 2008.

(245) H. Byrd et S. Matthewman, « Exergy and the city : The technology and sociology of power (failure) », *Journal of Urban Technology*, vol. 21, n° 3, 2014, p. 85-102.

(246) I. Goldin et M. Mariathasan, 2014, *op. cit*., p. 101.

度会圭子・東江一紀訳、文藝春秋、2014年]
(223) Bank of International Settlements, « OTC derivatives market activity in the second half of 2013 », 8 mai 2014 ; http://www.bis.org/publ/otc_hy1405.htm.
(224) P. Gai *et al.* « Complexity, concentration and contagion », *op. cit.*
(225) P. Gai et S. Kapadia, « Contagion in financial networks », *Proceedings of the Royal Society A*, vol. 466, n° 2120, 2010, p. 2401-2423.
(226) R. J. Caballero et A. Simsek, « Fire sales in a model of complexity », *The Journal of Finance*, vol. 68, n° 6, 2013, p. 2549-2587.
(227) E. Yardeni et M. Quitana, « Global economic briefing : Central Bank balance sheets », Yardeni Research Inc., décembre 2014.
(228) J. Soble, « Japan abruptly acts to stimulate economy », *The New York Times*, 31 octobre 2014.
(229) John Maynard Keynes, *The Economic Consequences of the Peace*, Skyhorse publishing, 2007 [1919], p. 134. [ジョン・メイナード・ケインズ『ケインズ全集〈第２巻〉平和の経済的帰結』早坂忠訳、東洋経済新報社、1977年]。Cité par William Ophuls, « Immoderate greatness. Why civilizations fail », autoédition, 2012.
(230) Eurostat, « General Government Gross Debt – Annual Data » ; http://ec.europa.eu/eurostat/tgm/table.do?tab=table&init=1&language=en&pcode=teina225.
(231) T. Vampouille, « Les stocks stratégiques pétroliers en France », *Le Figaro*, 28 mars 2012.
(232) World Economic Forum, « Impact of Thailand Floods 2011 on supply chain », Mimeo, WEF, 2012.
(233) White House, « National strategy for global supply chain security », Washington DC, 2012, p. 4.
(234) Cité par S. Cox, « US food supply vulnerable to attack », *BBC Radio 4*, 22 août 2006 ; http://news.bbc.co.uk/2/hi/americas/5274022.stm.
(235) L. M. Wein, et Y. Liu, « Analyzing a bioterror attack on the food supply : the case of botulinum toxin in milk », *Proceedings of the National Academy of Sciences of the United States of America*, vol. 102, n° 28, 2005, p. 9984-9989.

(209) P. Gai *et al.*, « Complexity, concentration and contagion », *Journal of Monetary Economics*, vol. 58, n° 5, 2011, p. 453-470.

(210) S. Vitali *et al.*, « The network of global corporate control », *PloS ONE*, vol. 6, n° 10, 2011, p. e25995.

(211) Ch. Bonneuil et J.-B. Fressoz, *L'Événement Anthropocène*, *op. cit.*, p. 129.

(212) Richard Heede, « Tracing anthropogenic carbon dioxide and methane emissions to fossil fuel and cement producers, 1854-2010 », *Climatic Change*, vol. 122, 2014, p. 229-241.

(213) R. Douthwaite, *The Growth Illusion : How Economic Growth Has Enriched the Few, Impoverished the Many and Endangered the Planet*, Green Books, 1999.

(214) Cité par A. Miller et R. Hopkins, « Climate after growth. Why environmentalists must embrace post-growth economics and community resilience », Post-Carbon Institute, septembre 2013.

(215) D. Holmgren, « Crash on demand. Welcome to the brown tech world », *Holmgren Design*, décembre 2013.

(216) D. Arkell, « The evolution of creation », *Boeing Frontiers Online*, vol. 3, n° 10, 2005 ; http://www.boeing.com/news/frontiers/archive/2005/march/mainfeature1.html.

(217) Cité par D. MacKenzie, « Why the demise of civilisation may be inevitable », *New Scientist*, n° 2650, 2008, p. 32-35.

(218) *Id.*

(219) I. Goldin et M. Mariathasan, *The Butterfly Defect : How Globalization Creates Systemic Risks, and What to Do about It*, Princeton University Press, 2014.

(220) R. M. May *et al.*, « Complex systems : Ecology for bankers », *Nature*, vol. 451, n° 7181, 2008, p. 893-895.

(221) A. G. Haldane et V. Madouros, « The dog and the frisbee », *in* Speech presented at the Federal Reserve Bank of Kansas City's Jackson Hole economic policy symposium, Jackson Hole, Wyoming, USA, 31 août 2012.

(222) M. Lewis, *Flash Boys : A Wall Street Revolt*, W. W. Norton & Company, 2014.［マイケル・ルイス『フラッシュ・ボーイズ――10億分の１秒の男たち』

12, 2000, p. 817-830.

(197) Ch. Bonneuil et J.-B. Fressoz, *L'Événement Anthropocène, op. cit.*, p. 129-133.

(198) M. A. Janssen et M. Scheffer, « Overexploitation of renewable resources by ancient societies and the role of sunk-cost effects », *Ecology and Society*, vol. 9, n° 1, 2004, p. 6.

(199) Agence internationale de l'énergie, « World Energy Outlook 2014 ».

(200) R.-V. Joule et J.-L. Beauvois, *Petit traité de manipulation à l'usage des honnêtes gens*, Presses universitaires de Grenoble, 2009. ［ロベール＝ヴァンサン・ジュール／ジャン＝レオン・ボヴォワ『これで相手は思いのまま――悪用厳禁の心理操作術』薛善子訳、阪急コミュニケーションズ、2006年］

(201) G. Vanloqueren et P. V. Baret, « How agricultural research systems shape a technological regime that develops genetic engineering but locks out agroecological innovations », *Research policy*, vol. 38, n° 6, 2009, p. 971-983 ; G. Vanloqueren et P. V. Baret, « Why are ecological, low-input, multi-resistant wheat cultivars slow to develop commercially ? A Belgian agricultural "lock-in" case study », *Ecological Economics*, vol. 66, n° 2, 2008, p. 436-446.

(202) J. Gadrey, « La "démocratie écologique" de Dominique Bourg n'est pas la solution », *Alternatives économiques*, 18 janvier 2011.

(203) Adam Rome, 2001. Cité par J.-B. Fressoz, « Pour une histoire désorientée de l'énergie », *Entropia. Revue d'étude théorique et politique de la décroissance*, n° 15, 2013.

(204) F. Veillerette et F. Nicolino, *Pesticides, révélations sur un scandale français*, Fayard, 2007.

(205) Voir la vidéo, « DDT so safe you can eat it 1947 » disponible sur www.youtube.com/watch?v=gtcXXbuR244.

(206) M. Scheffer *et al.*, « Slow response of societies to new problems : causes and costs », *Ecosystems*, vol. 6, n° 5, 2003, p. 493-502.

(207) J. Tainter, *L'Effondrement des sociétés complexes*, Le Retour aux Sources, 2013 [1988].

(208) G. C. Unruh et J. Carrillo-Hermosilla, « Globalizing carbon lock-in », *Energy Policy*, vol. 34, n° 10, 2006, p. 1185-1197.

fects », *Ecology and Society*, n° 11, 2006, p. 20 ; M. Gladwell, *The Tipping Point : How Little Things Can Make a Big Difference*, Little Brown, 2000［マルコム・グラッドウェル『ティッピング・ポイント——いかにして「小さな変化」が「大きな変化」を生み出すか』高橋啓訳、飛鳥新社、2000年］; B. Hunter, « Tipping points in social networks », Stanford University Symbolic Systems Course Blog, 2012.

(185) D. Korowicz, « Trade Off : Financial system supply-chain cross contagion – a study in global systemic collapse », FEASTA, 2012 ; http://www.feasta.org/wp-content/uploads/2012/10/Trade_Off_Korowicz.pdf.

(186) A. D. Barnosky *et al.*, « Approaching a state shift in Earth's biosphere », *Nature*, n° 486, 2012, p. 52-58.

(187) A. Garric, « La fin de la planète en 2100 ? », *Le Monde Blog Eco(lo)* [en ligne], 27 juillet 2012.

(188) T. P. Hughes *et al.*, « Multiscale regime shifts and planetary boundaries », *Trends in Ecology & Evolution*, 28(7), 2013, p. 389-395.

(189) B. W. Brook *et al.*, « Does the terrestrial biosphere have planetary tipping points ? », *Trends in Ecology & Evolution*, 28(7), 2013, p. 396-401.

(190) P. A. David, « Clio and the Economics of QWERTY », *The American Economic Review*, vol. 25, n° 2, 1985, p. 332-337.

(191) Ch. Herve-Gruyer et P. Herve-Gruyer, *Permaculture. Guérir la terre, nourrir les hommes*, Actes Sud, 2014.

(192) O. De Schutter et G. Vanloqueren, « The new green revolution : how twenty-first-century science can feed the world », *Solutions*, vol. 2, n° 4, 2011, p. 33-44.

(193) http://www.rightlivelihood.org/gao.html.

(194) O. De Schutter *et al.*, « Agroécologie et droit à l'alimentation », rapport présenté à la 16e session du Conseil des droits de l'homme de l'ONU, 2011 [A/HRC/16/49].

(195) 2014年9月18-19日、国連食糧農業機関によるローマでの「食と栄養の安全保障のためのアグロエコロジーに関する国際シンポジウム」にて。http://www.fao.org/about/meetings/afns/fr/.

(196) G. C. Unruh, « Understanding carbon lock-in », *Energy Policy*, vol. 28, n°

nated world », *Science*, vol. 337, 2012, p. 1614-1615.

(173) Par exemple, « les experts du TFSP [Consortium] notent que de l'imidaclopride a été détecté dans 91 % de 74 échantillons de sols français analysés en 2005 : seuls 15 % des sites avaient été traités… », cité par S. Foucart, 2014, *op. cit.*

(174) L. U. Chensheng *et al.*, « Sub-lethal exposure to neonicotinoids impaired honey bees winterization before proceeding to colony collapse disorder », *Bulletin of Insectology*, vol. 67, n° 1, 2014, p. 125-130.

(175) D. Gibbons *et al.*, « A review of the direct and indirect effects of neonicotinoids and fipronil on vertebrate wildlife », *Environmental Science and Pollution Research*, 2014, p. 1-16.

(176) J. P. Van der Sluijs *et al.*, « Conclusions of the Worldwide Integrated Assessment on the risks of neonicotinoids and fipronil to biodiversity and ecosystem functioning », *Environmental Science and Pollution Research*, vol. 22, n° 1, 2014, p. 148-154.

(177) S. Landrin et L. Van Eeckhout, « La pollution à Paris aussi nocive que le tabagisme passif », *Le Monde*, 24 novembre 2014.

(178) M. Scheffer *et al.*, « Catastrophic shifts in ecosystems », *Nature*, vol. 413, n° 6856, 2001, p. 591-596.

(179) S. Kefi *et al.*, « Spatial vegetation patterns and imminent desertification in Mediterranean arid ecosystems », *Nature*, vol. 449, n° 7159, 2007, p. 213-217.

(180) J. A. Foley *et al.*, « Regime shifts in the Sahara and Sahel : Interactions between ecological and climatic systems in Northern Africa », *Ecosystems*, vol. 6, n° 6, 2003, p. 524-532.

(181) E. A. Davidson *et al.*, « The Amazon basin in transition », *Nature*, n° 481, 2012, p. 321-328.

(182) T. M. Lenton *et al.*, « Tipping elements in the Earth's climate system », *Proceedings of the National Academy of Sciences*, vol. 105, n° 6, 2008, p. 1786-1793.

(183) T. M. Lenton, « Arctic climate tipping points », *Ambio*, vol. 41, n° 1, 2012, p. 10-22.

(184) A. P. Kinzig *et al.*, « Resilience and regime shifts : Assessing cascading ef-

(159) Ch. Bonneuil et J-B. Fressoz, *L'Événement Anthropocène*, *op. cit*, note de bas de page 225.
(160) *Ibid.*, note de bas de page 226.
(161) A. E. Cahill *et al.*, « How does climate change cause extinction ? », *Proceedings of the Royal Society B*, vol. 280, n° 1750, 2013, p. 20121890 ; C. Bellard *et al.*, « Impacts of climate change on the future of biodiversity », *Ecology Letters*, vol. 15, n° 4, 2012, p. 365-377 ; C. B. Field *et al.*, 2014, *op. cit.*
(162) J. V. Yule *et al.*, 2013, *op. cit.*
(163) J. Rockström *et al.*, « A safe operating space for humanity », *Nature*, vol. 461, n° 7263, 2009, p. 472-475.
(164) W. Steffen *et al.*, « Planetary boundaries : Guiding human development on a changing planet », *Science*, sous presse, 2015.
(165) D. E. Canfield *et al.*, « The evolution and future of Earth's nitrogen cycle », *Science*, vol. 330, n° 6001, 2010, p. 192-196.
(166) V. H. Smith *et al.*, « Eutrophication of freshwater and marine ecosystems », *Limnology and Oceanography*, vol. 51, n° 1, 2006, p. 351-355.
(167) J. Rockström *et al.*, « Planetary boundaries : Exploring the safe operating space for humanity », *Ecology and Society*, vol. 14, n° 2, p. 32, 2009.
(168) T. Gleeson *et al.*, « Water balance of global aquifers revealed by groundwater footprint », *Nature*, n° 488, 2012, p. 197-200. Aux États-Unis, en Chine et en Inde, 70 % des eaux souterraines sont utilisées pour l'agriculture. Voir M. W. Rosegrant *et al.*, « Water for agriculture : maintaining food security under growing scarcity », *Annual Review of Environment and Resources*, n° 34, 2009, p. 205-222.
(169) C. J. Vörösmarty *et al.*, « Global threats to human water security and river biodiversity », *Nature*, n° 467, 2010, p. 555-561.
(170) いまのところは技術によって、水源枯渇の本当の原因はカムフラージュされているのだが。
(171) A. Cicolella, *Toxique Planète*, Seuil, 2013 ; F. Nicolino, *Un empoisonnement universel. Comment les produits chimiques ont envahi la planète*, Les Liens qui Libèrent, 2013.
(172) Vandenberg (2012), cité par L. J. Guillette et T. Iguchi, « Life in a contami-

1996年の200万個から現在は60万個に激減している。

(147) S. Foucart, 2014, *op. cit.*

(148) E. Stokstad, « The empty forest », *Science*, vol. 345, n° 6195, 2014, p. 396-399.

(149) A. D. Barnosky *et al.*, « Has the Earth's sixth mass extinction already arrived ? », *Nature*, vol. 471, n° 7336, 2011, p. 51-57.

(150) D. U. Hooper *et al.*, « A global synthesis reveals biodiversity loss as a major driver of ecosystem change », *Nature*, vol. 486, n° 7401, 2012, p. 105-108 ; R. Dirzo *et al.*, 2014, *op. cit.*

(151) A. S. MacDougall *et al.*, « Diversity loss with persistent human disturbance increases vulnerability to ecosystem collapse », *Nature*, vol. 494, n° 7435, 2013, p. 86-89.

(152) J. V. Yule *et al.*, « Biodiversity, extinction, and humanity's future : The ecological and evolutionary consequences of human population and resource use », *Humanities*, vol. 2, n° 2, 2013, p. 147-159.

(153) J. M. Morvan *et al.*, « Écosystèmes forestiers et virus Ebola », 3e colloque du réseau international des instituts Pasteur et instituts associés, 14-15 octobre 1999 ; B. A. Wilcox et B. Ellis, « Les forêts et les maladies infectieuses émergentes chez l'homme », *Unasylva* (FAO), 2006 ; J. A. Ginsburg, « How saving West African forests might have prevented the Ebola epidemic », *The Guardian*, 3 octobre 2014.

(154) H. Thibault, « Dans le Sichuan, des "hommes-abeilles" pollinisent à la main les vergers », *Le Monde*, 23 avril 2014.

(155) R. Costanza, « The value of the world's ecosystem services and natural capital », *Ecological Economics*, vol. 25, n° 1, 1998, p. 3-15.

(156) C. B. Field *et al.*, « Climate Change 2014 : impacts, adaptation, and vulnerability », Contribution of Working Group II to the Fifth Assessment Report of the IPCC, 2014.

(157) E. V. Bragina *et al.*, « Rapid declines of large mammal populations after the collapse of the Soviet Union », *Conservation Biology*, sous presse, 2015.

(158) F. Krausmann *et al.*, « Global human appropriation of net primary production doubled in the 20th century », *PNAS*, vol. 110, n° 25, 2013, p. 10324-10329.

species parasites and mutualists ? », *Philosophical Transactions of the Royal Society B*, vol. 276, n° 1670, 2009, p. 3037-3045.

(132) Référence au livre de Rachel Carson, *Le Printemps silencieux* (1962)［レイチェル・カーソン『沈黙の春』青樹簗一訳、新潮文庫、1974年］。生態系に殺虫剤を使用することによる悲惨な結果が提示、予告されている。

(133) R. Dirzo *et al.*, « Defaunation in the Anthropocene », *Science*, vol. 345, n° 6195, 2014, p. 401-406.

(134) R. McLellan, 2014, *op. cit.*, p. 8-9.

(135) W. J. Ripple *et al.*, « Status and ecological effects of the world's largest carnivores », *Science*, vol. 343, n° 6167, 2014, p. 1241484.

(136) J. A. Estes *et al.*, « Trophic downgrading of planet Earth », *Science*, vol. 333, n° 6040, 2011, p. 301-306.

(137) D. J. McCauley *et al.*, « Marine defaunation : Animal loss in the global ocean », *Science*, vol. 347, n° 6219, 2015, p. 1255641.

(138) B. S. Halpern *et al.*, « A global map of human impact on marine ecosystems », *Science*, vol. 319, n° 5865, 2008, p. 948-952.

(139) R. A. Myers et B. Worm, « Rapid worldwide depletion of predatory fish communities », *Nature*, vol. 423, n° 6937, 2003, p. 280-283.

(140) J. B. Jackson, « Ecological extinction and evolution in the brave new ocean », *PNAS*, vol. 105, 2008, p. 11458-11465.

(141) K. Swing, « Conservation : Inertia is speeding fish-stock declines », *Nature*, vol. 494, n° 7437, 2013, p. 314314.

(142) S. H. Anderson, 2011, *op. cit.*

(143) S. Foucart, « Le déclin massif des insectes menace l'agriculture », *Le Monde*, 26 juin 2014 ; I. Newton, « The recent declines of farmland bird populations in Britain : an appraisal of causal factors and conservation actions », *Ibis*, vol. 146, n° 4, 2004, p. 579-600.

(144) C. A. Hallmann *et al.*, « Declines in insectivorous birds are associated with high neonicotinoid concentrations », *Nature*, vol. 511, n° 7509, 2014, p. 341-343 ; G. Monbiot, « Another silent spring ? », *The Guardian*, 16 juillet 2014.

(145) R. Dirzo *et al.*, 2014, *op. cit.*

(146) 生態学者フランソワ・ラマードによると、フランスのミツバチの巣箱数は、

ply to climate change », *Nature Climate Change*, vol. 2, n° 9, 2012, p. 676-681.
(118) K. M. Campbell *et al.*, « The age of consequences : the foreign policy and national security implications of global climate change », Washington DC, Center for Strategic and International Studies, 2007.
(119) Cité par G. Dyer, 2009, *op. cit.*, p. 48.
(120) *Ibid.*, p. 91.
(121) J. Kiehl, « Lessons from Earth's Past », *Science*, vol. 331, n° 6014, 2011, p. 158-159.
(122) J. Lovelock, *La Revanche de Gaïa : pourquoi la Terre riposte-t-elle et comment pouvons-nous encore sauver l'humanité ?*, Flammarion, 2007. Cité par G. Dyer, 2009, *op. cit.*, p. 53. ［ジェームズ・ラブロック『ガイアの復讐』秋元勇巳監修・竹村健一訳、中央公論新社、2006年］
(123) J. Hansen *et al.*, « Climate sensitivity, sea level and atmospheric carbon dioxide », *Philosophical Transactions of the Royal Society A*, n° 371, 2013, p. 20120294.
(124) S. L. Pimm *et. al.*, « The biodiversity of species and their rates of extinction, distribution, and protection », *Science*, vol. 344, n° 6187, 2014, p. 1246752.
(125) R. McLellan (éd.), *Rapport Planète vivante 2014. Des hommes, des espèces, des espaces, et des écosystèmes*, World Wildlife Fund, 2014.
(126) R. M. May, « Ecological science and tomorrow's world », *Philosophical Transactions of the Royal Society B*, vol. 365, n° 1537, 2010, p. 41-47 ; W. F. Laurance *et al.*, « Averting biodiversity collapse in tropical forest protected areas », *Nature*, vol. 489, n° 7415, 2012, p. 290-294.
(127) S. L. Pimm *et. al.*, 2014, *op. cit.*
(128) D. Sanders *et al.*, « The loss of indirect interactions leads to cascading extinctions of carnivores », *Ecology Letters*, vol. 16, n° 5, 2013, p. 664-669.
(129) J. J. Lever *et al.*, « The sudden collapse of pollinator communities », *Ecology Letters*, vol. 17, n° 3, 2014, p. 350-359.
(130) S. H. Anderson *et al.*, « Cascading effects of bird functional extinction reduce pollination and plant density », *Science*, vol. 331, n° 6020, 2011, p. 1068-1071.
(131) R. R. Dunn *et al.*, « The sixth mass coextinction : Are most endangered

(107) D. D. Zhang *et al.*, « The causality analysis of climate change and large-scale human crisis », *PNAS*, vol. 108, n° 42, 2011, p. 17296-17301 ; D. D. Zhang *et al.*, « Global climate change, war, and population decline in recent human history », *PNAS*, vol. 104, n° 49, 2007, p. 19214-19219.

(108) J. Schewe *et al.*, « Multimodel assessment of water scarcity under climate change », *PNAS*, vol. 111, n° 9, 2014, p. 3245-3250.

(109) D. B. Lobell et al., « Climate trends and global crop production since 1980 », *Science*, vol. 333, n° 6042, 2011, p. 616-620.

(110) K. Kristensen *et al.*, « Winter wheat yield response to climate variability in Denmark », *The Journal of Agricultural Science*, vol. 149, n° 1, 2011, p. 33-47 ; J. E. Olesen *et al.*, « Impacts and adaptation of European crop production systems to climate change », *European Journal of Agronomy*, vol. 34, n° 2, 2011, p. 96-112.

(111) J. H. Christensen *et al.*, « Regional climate projections », *in* S. Solomon, D. Qin, M. Manning *et al.* (éd.), *Climate change 2007 : The Physical Science Basis*, Cambridge University Press, 2007, p. 996 ; A. Dai, « Increasing drought under global warming in observations and models », *Nature climate change*, vol. 3, n° 1, 2012, p. 52-58.

(112) Z. W. Kundzewicz, « Assessing river flood risk and adaptation in Europe – review of projections for the future », *Mitigation and Adaptation Strategies for Global Change*, vol. 15, n° 7, 2010, p. 641-656.

(113) M. Bindi et J. E. Olesen, « The responses of agriculture in Europe to climate change », *Regional Environmental Change*, vol. 11, n° 1, 2011, p. 151-158 ; M. T. Harrison, « Characterizing drought stress and trait influence on maize yield under current and future conditions », *Global Change Biology*, vol. 20, n° 3, 2014, p. 867-878.

(114) G. Dyer, 2009, *op. cit.*, p. 87.

(115) *Id.*

(116) F. Gemenne, « Climate-induced population displacements in a 4 ℃+world », *Philosophical Transactions of the Royal Society A*, vol. 369, n° 1934, 2011, p. 182-195.

(117) M. T. van Vliet *et al.*, « Vulnerability of US and European electricity sup-

avoided », Washington DC, World Bank, 2012.
(93) S. Rahmstorf *et al.*, « Comparing climate projections to observations up to 2011 », *Environmental Research Letters*, vol. 7, n° 4, 2012, p. 044035.
(94) D. Coumou et S. Rahmstorf, « A decade of weather extremes », *Nature Climate Change*, n° 2, 2012, p. 491-496.
(95) J. M. Robine *et al.*, « Death toll exceeded 70,000 in Europe during the summer of 2003 », *Comptes rendus biologies*, vol. 331, n° 2, 2008, p. 171-178.
(96) P. Ciais *et al.*, « Europe-wide reduction in primary productivity caused by the heat and drought in 2003 », *Nature*, vol. 437, n° 7058, 2005, p. 529-533.
(97) ある研究によると、現在人が住んでいる一部の地域では、2100年以降、人類は生き残れないだろうと指摘されている。Voir S. C. Sherwood et M. Hubert, « An adaptability limit to climate change due to heat stress », *PNAS*, vol. 107, n° 21, 2010, p. 9552-9555.
(98) D. Barriopedro *et al.*, « The hot summer of 2010 : redrawing the temperature record map of Europe », *Science*, vol. 332, n° 6026, 2005, p. 220-224.
(99) K. Dow et T. E. Downing, *The Atlas of Climate Change*, University of California Press, 2007.［K・ダウ／T・ダウニング『温暖化の世界地図』近藤洋輝訳、丸善出版、2007年］
(100) J. D. Steinbruner *et al.* (éd.), *Climate and Social Stress : Implications for Security Analysis*, National Academies Press, 2012.
(101) WHO, « Climate change and health », World Health Organization Fact Sheet, 266, 2013.
(102) W. A. Kurz *et al.*, « Mountain pine beetle and forest carbon feedback to climate change », *Nature*, vol. 452, n° 7190, 2008, p. 987-990.
(103) Lire par exemple B. Choat *et al.*, « Global convergence in the vulnerability of forests to drought », *Nature*, vol. 491, n° 7426, 2012, p. 752-756.
(104) A. Shepherd *et al.*, « A reconciled estimate of ice-sheet mass balance », *Science*, vol. 338, n° 6111, 2012, p. 1183-1189.
(105) G. Dyer, *Alerte – Changement climatique : la menace de guerre*, Robert Laffont, 2009, p. 38.［グウィン・ダイヤー『地球温暖化戦争』平賀秀明訳、新潮社、2009年］
(106) A Bruger *et al.*, 2012, *op. cit.*

vol. 372, n° 2006, 2013, p. 20130126.
(81) J. D. Hamilton, « Causes and consequences of the oil shock of 2007-08 », *National Bureau of Economic Research*, 2009 ; C. Hall et K. Klitgaard, *Energy and the Wealth of Nations : Understanding the Biophysical Economy*, Springer, 2012.
(82) G. E. Tverberg, « Low oil prices : Sign of a debt bubble collapse, leading to the end of oil supply ? », *Our Finite World*, 21 septembre 2014 ; http://ourfiniteworld.com/2014/09/21/low-oil-prices-sign-of-a-debt-bubble-collapse-leading-to-the-end-of-oil-supply.
(83) G. E. Tverberg, « Oil supply limits and the continuing financial crisis », *Energy*, vol. 37, n° 1, 2012, p. 27-34.
(84) E. Ailworth, « Drillers cut expansion plans as oil prices drop », *Wall Street Journal*, 6 novembre 2014.
(85) Agence internationale de l'énergie, *World Energy Outlook 2014*.
(86) M. Auzanneau, « Pétrole : le calme avant la tempête, d'après l'Agence internationale de l'énergie », *Oil Man*, 19 novembre 2014 ; http://petrole. blog.lemonde.fr/2014/11/19/petrole-le-calme-avant-la-tempete-dapres-lagence-internationale-de-lenergie/.
(87) R. May *et al.*, « Complex systems : Ecology for bankers », *Nature*, vol. 451, n° 7181, 2008, p. 893-895.
(88) G. E. Tverberg, « World oil production at 3/31/2014 – Where are we headed ? », *Our Finite World*, 23 juin 2014 ; http://ourfiniteworld.com/2014/07/23/world-oil-production-at-3312014-where-are-we-headed/.
(89) M. Lagi *et al.*, *The Food Crises and Political Instability in North Africa and the Middle East*, New England Complex Systems Institute, 2011.
(90) J. Leggett, *The Energy of Nations : Risk Blindness and the Road to Renaissance*, Routledge, 2013, p. xiii.
(91) Selon le dernier rapport du GIEC publié le 27 septembre 2013 (certitude très élevée, de 95 %). Voir aussi J. Cook *et al.*, « Quantifying the consensus on anthropogenic global warming in the scientific literature », *Environmental Research Letters*, vol. 8, n° 2, 2013, p. 024024.
(92) A. Burger *et al.*, « Turn down the heat : Why a 4 ℃ warmer world must be

ety », *Energy Policy*, vol. 64, 2014, p. 141-152.
(68) P. A. Prieto et C. A. S. Hall, *Spain's Photovoltaic Revolution : The Energy Return on Investment*, Springer, 2013.
(69) C. A. S. Hall *et al.*, 2014, *op. cit.*
(70) D. Weißbach *et al.*, « Energy intensities, EROIs (energy returned on invested), and energy payback times of electricity generating power plants », *Energy*, vol. 52, 2013, p. 210-221.
(71) B. Plumer, « We're damming up every last big river on Earth. Is that really a good idea ? », *Vox*, 28 octobre 2014 ; http://www.vox.com/2014/10/28/7083487/the-world-is-building-thousands-of-new-dams-is-that-really-a-good-idea.
(72) C. Zarfl *et al.*, « A global boom in hydropower dam construction », *Aquatic Sciences*, 2014, p. 1-10.
(73) G. E. Tverberg, « Converging energy crises – and how our current situation differs from the past », *Our Finite World*, 29 mai 2014 ; http://ourfiniteworld.com/2014/05/29/converging-energy-crises-and-how-our-current-situation-differs-from-the-past/.
(74) C. A. S. Hall *et al.*, « What is the minimum EROI that a sustainable society must have », *Energies*, vol. 2, 2009, p. 25-47.
(75) J. G. Lambert *et al.*, « Energy, EROI and quality of life », *Energy Policy*, vol. 64, 2014, p. 153-167.
(76) B. Thévard, « La diminution de l'énergie nette, frontière ultime de l'Anthropocène », *Institut Momentum*, 2013.
(77) C. W. King et C. A. S. Hall, « Relating financial and energy return on investment », *Sustainability*, vol. 3, n° 10, 2011, p. 1810-1832 ; M. Heun et M. De Wit, « Energy return on (energy) invested (EROI), oil prices, and energy transitions », *Energy Policy*, vol. 40, 2012, p. 147-158.
(78) U. Bardi *et al.*, 2014, *op. cit.*
(79) Voir G. Giraud *et al.*, *Produire plus, polluer moins : l'impossible découplage ?*, Les Petits Matins, 2014.
(80) D. J. Murphy, « The implications of the declining energy return on investment of oil production », *Philosophical Transactions of the Royal Society A*,

Fuel, vol. 98, 2012, p. 111-123 ; P. Shearman *et al.*, « Are we approaching "peak timber" in the tropics ? », *Biological Conservation*, vol. 151, n° 1, 2012, p. 17-21 ; R. Warman, « Global wood production from natural forests has peaked », *Biodiversity and Conservation*, vol. 23, n° 5, 2014, p. 1063-1078 ; M. Dittmar, « The end of cheap uranium », *Science of the Total Environment*, vol. 461-462, 2013, p. 792-798.

(56) U. Bardi *et al.*, *Extracted : How the Quest for Mineral Wealth Is Plundering the Planet*, Chelsea Green Publishing, 2014.

(57) C. Clugston, « Increasing global nonrenewable natural resource scarcity - An analysis », *Energy Bulletin*, vol. 4, n° 6, 2010.

(58) D. Cordell *et al.*, « The story of phosphorus : Global food security and food for thought », *Global Environmental Change*, vol. 19, n° 2, 2009, p. 292-305.

(59) R. A. Myers et B. Worm, « Rapid worldwide depletion of predatory fish communities », *Nature*, vol. 423, n° 6937, 2003, p. 280-283.

(60) P. H. Gleick et M. Palaniappan, « Peak water limits to freshwater withdrawal and use », *PNAS*, vol. 107, n° 25, 2010, p. 11155-11162.

(61) P. Bihouix, *L'Âge des low tech. Vers une civilisation techniquement soutenable*, Seuil, 2014. p. 66-67.

(62) R. Heinberg, *Peak Everything : Waking Up to the Century of Decline in Earth's Resources*, Clairview Books, 2007.

(63) Barclays Research Data, cité par S. Kopits, « Oil and economic growth : a supply - constrained view », Columbia University, Center on Global Energy Policy, 11 février 2014 ; http://tinyurl.com/mhkju2k.

(64) C. Cleveland, « Net energy from the extraction of oil and gas in the United States », *Energy*, vol. 30, 2005, p. 769-782.

(65) N. Gagnon *et al.*, « A preliminary investigation of energy return on energy investment for global oil and gas production », *Energies*, vol. 2, n° 3, 2009, p. 490-503.

(66) D. J. Murphy et C. A. S. Hall, « Year in review - EROI or energy return on (energy) invested », *Annals of the New York Academy of Sciences*, vol. 1185, n° 1, 2010, p. 102-118.

(67) C. A. S. Hall *et al.*, « EROI of different fuels and the implications for soci-

http://www.eia.gov/todayinenergy/detail.cfm?id=17311.

(42) A. Loder, « Shakeout threatens shale patch as frackers go for broke », *Bloomberg*, 27 mai 2014 ; http://www.bloomberg.com/news/2014-05-26/shakeout-threatens-shale-patch-as-frackers-go-for-broke.html.

(43) S. Sorrell, 2009, *op. cit.*

(44) D. J. Hugues, « Energy : A reality check on the shale revolution », *Nature*, vol. 494, n° 7437, 2013, p. 307-308.

(45) Par exemple, D. Yergin, « US energy is changing the world again », *Financial Times*, 16 novembre 2012 ; L. Maugeri, « The shale oil boom : a US phenomenon », Belfer Center for Science and International Affairs, Harvard Kennedy School, 2013, Discussion Paper #2013-05.

(46) B. K. Sovacool, « Cornucopia or curse ? Reviewing the costs and benefits of shale gas hydraulic fracturing (fracking) », *Renewable and Sustainable Energy Reviews*, vol. 37, 2014, p. 249-264.

(47) US Energy Information Administration, « Annual Energy Outlook 2014 », p. 17.

(48) Cité par S. Sorrell, 2009, *op. cit.*

(49) C. Emmerson et G. Lahn, « Arctic opening : Opportunity and risk in the High North », Chatham House-Lloyd's, 2013.

(50) J. Marriott, « Oil projects too far – banks and investors refuse finance for Arctic oil », *Platform Education Research London*, 24 avril 2012.

(51) A. Garric, « Après une série noire, Shell renonce à forer en Arctique cette année », *Le Monde*, 28 février 2013.

(52) G. Chazan, « Total warns against oil drilling in Arctic », *Financial Times*, 25 septembre 2012.

(53) G. R. Timilsina, « Biofuels in the long-run global energy supply mix for transportation », *Philosophical Transactions of the Royal Society A*, vol. 372, n° 2006, 2014.

(54) T. Koizumi, « Biofuels and food security in the US, the EU and other countries », in *Biofuels and Food Security*, Springer International Publishing, 2014, p. 59-78.

(55) G. Maggio et G. Cacciola, « When will oil, natural gas, and coal peak ? »,

global oil production », UK Energy Research Centre, 2009.
(29) United States Joint Forces Command, « The Joint Operating Environment 2010 ».
(30) Bundeswehr, « Peak Oil : Sicherheitspolitische Implikationen knapper Ressourcen », Planungsamt der Bundeswehr, 2010.
(31) J. Murray et D. King, « Climate policy : Oil's tipping point has passed », *Nature*, vol. 481, n° 7382, 2012, p. 433-435.
(32) ITPOES, « The oil crunch : a wake-up call for the UK economy », Second Report of the UK Industry Taskforce on Peak Oil and Energy Security, 2010.
(33) J. R. Hallock *et al.*, « Forecasting the limits to the availability and diversity of global conventional oil supply : Validation », *Energy*, vol. 64, 2014, p. 130-153.
(34) M. L. Finkel et J. Hays, « The implications of unconventional drilling for natural gas : a global public health concern », *Public Health*, vol. 127, n° 10, 2013, p. 889-893 ; H. Else, « Fracking splits opinion », *Professional Engineering*, vol. 25, n° 2, 2012, p. 26.
(35) W. Ellsworth, « Injection-induced earthquakes », *Science*, vol. 341, n° 6142, 2013, p. 1225942.
(36) R. J. Davies *et al.*, « Oil and gas wells and their integrity : Implications for shale and unconventional resource exploitation », *Marine and Petroleum Geology*, vol. 56, 2014, p. 239-254.
(37) H. J. Fair, « Radionuclides in fracking wastewater », *Environmental Health Perspectives*, vol. 122, n° 2, 2014.
(38) C. Cleveland et P. A. O'Connor, « Energy return on investment (EROI) of oil shale », *Sustainability*, vol. 3, n° 11, 2011, p. 2307-2322.
(39) B. R. Scanlon *et al.*, « Comparison of water use for hydraulic fracturing for shale oil and gas production versus conventional oil », *Environmental Science & Technology*, vol. 48, n° 20, 2014, p. 12386-12393.
(40) E. Stokstad, « Will fracking put too much fizz in your water ? », *Science*, vol. 344, n° 6191, 2014, p. 1468-1471.
(41) US Energy Information Administration, « As cash flow flattens, major energy companies increase debt, sell assets », *Today in Energy*, 29 juillet 2014 ;

ing in natural capital : Economics from an ecological footprint perspective », *Ecological Economics*, vol. 20, n° 1, 1997, p. 3-24.
(15) W. Steffen *et al.*, « The Anthropocene : are humans now overwhelming the great forces of nature », *AMBIO : A Journal of the Human Environment*, vol. 36, n° 8, 2007, p. 614-621.
(16) H. Bergson, *L'Évolution créatrice*, PUF, 2007 [1907], p. 139-140.［アンリ・ベルクソン『創造的進化』真方敬道訳、岩波文庫、1979年、ほか］
(17) F. Krausmann *et al.*, « Growth in global materials use, GDP and population during the 20th century », *Ecological Economics*, vol. 68, n° 10, 2009, p. 2696-2705.
(18) H. Rosa, *Accélération : une critique sociale du temps*, La Découverte, 2013.
(19) H. Rosa, « Accélération et dépression. Réflexions sur le rapport au temps de notre époque », *Rhizome*, n° 43, 2012, p. 4-13.
(20) *Id.*
(21) C'est la question posée par le groupe de réflexion « le Club de Rome » à l'équipe formée par Donella Meadows, Dennis Meadows, Jørgen Randers et William W. Behrens III. Leur rapport a été publié en 1972 (trad. fr. 1973, Fayard) et s'intitule « Limits to growth » (« Halte à la croissance »). Voir aussi S. Latouche, *L'Âge des limites*, Mille et une nuits, 2013.
(22) Agence internationale de l'énergie, « World Energy Outlook 2010 ».
(23) R. Miller et S. Sorrell, « The future of oil supply », *Philosophical Transactions of the Royal Society A*, vol. 372, n° 2006, 2014.
(24) « BP Statistical Review of World Energy 2014 ».
(25) S. Andrews et R. Udall, « The oil production story : pre-and post-peak nations », *Association for the Study of Peak Oil & Gas USA*, 2014.
(26) S. Sorrell *et al.*, « Shaping the global oil peak : A review of the evidence on field sizes, reserve growth, decline rates and depletion rates », *Energy*, vol. 37, n° 1, 2012, p. 709-724.
(27) R. Miller et S. Sorrell, « Preface of the special issue on the future of oil supply », *Philosophical Transactions of the Royal Society A*, vol. 372, n° 2006, 2014.
(28) S. Sorrell *et al.*, « An assessment of the evidence for a near-term peak in

（5）Par exemple, J.-P. Dupuy, *Pour un catastrophisme éclairé : quand l'impossible est certain*, Seuil, 2002.［ジャン＝ピエール・デュプュイ『ありえないことが現実になるとき——賢明な破局論にむけて』桑田光平・本田貴久訳、筑摩書房、2012年］。H.-S. Hafeissa, *La Fin du monde et de l'humanité. Essai de généalogie du discours écologique*, PUF, 2014. P. Viveret, *Du bon usage de la fin d'un monde*, Les Liens qui Libèrent, 2012. M. Foessel, *Après la fin du monde. Critique de la raison apocalyptique*, Seuil, 2012.

（6）J. Diamond, *Effondrement : comment les sociétés décident de leur disparition ou de leur survie*, Gallimard, « NRF essais », 2006.［ジャレド・ダイアモンド『文明崩壊——滅亡と存続の命運を分けるもの』〈上・下〉楡井浩一訳、草思社、2005年］

（7）R. Hopkins, *Manuel de transition : de la dépendance au pétrole à la résilience locale*, Écosociété/Silence, 2010.［ロブ・ホプキンス『トランジション・ハンドブック——地域レジリエンスで脱石油社会へ』城川桂子訳、第三書館、2013年］。R. Hopkins, *Ils changent le monde !:1001 initiatives de transition écologique*, Seuil, 2014.

（8）http://www.institutmomentum.org.

（9）W. Steffen *et al.*, « The trajectory of the Anthropocene : The great acceleration », *The Anthropocene Review*, sous presse, 2015.

（10）Du généticien, essayiste et humaniste Albert Jacquard. Voir A. Jacquard, *L'Équation du nénuphar : les plaisirs de la science*, Calmann-Lévy, 1998.

（11）Le lecteur curieux pourra retrouver une série d'exemples très pédagogiques du comportement d'une exponentielle au chapitre II du livre de D. Meadows *et al.*, *Les Limites à la croissance (dans un monde fini)*, Rue de l'échiquier, 2012.［ドネラ・メドウズほか『成長の限界——ローマ・クラブ「人類の危機」レポート』大来佐武郎監訳、ダイヤモンド社、1972年］

（12）C. Hui, « Carrying capacity, population equilibrium, and environment's maximal load », *Ecological Modelling*, vol. 192, 2006, p. 317-320.

（13）D. Meadows *et al.*, *Limits to Growth : The 30-Year Update*, Chelsea Green Publishing, 2004.［ドネラ・メドウズほか『成長の限界　人類の選択』枝廣淳子訳、ダイヤモンド社、2005年］

（14）M. Wackernagel et W. Rees, « Perceptual and structural barriers to invest-

出典・参考文献

・本書の原稿の一部は、以下の記事ですでに発表されている：

P. Servigne et R. Stevens, « Résilience en temps de catastrophe », *Barricade*, 2013. (Chapitre 10, section « L'entraide en temps de catastrophe »)

R. Stevens et P. Servigne, « L'anthropocène. L'ère de l'incertitude », *Barricade*, 2013. (Chapitre 1)

P. Servigne et R. Stevens, « Alors, ça vient ? Pourquoi la transition se fait attendre », *Barricade*, 2014. (Chapitre 4)

R. Stevens et P. Servigne, « Les inégalités, un facteur d'effondrement », *Etopia*, 2014. (Chapitre 8, section « Un modèle original : HANDY »)

P. Servigne, « L'effet domino chez les animaux », *Imagine demain le monde*, n° 106, 2014, p. 46-47. (Chapitre 3, section « Qui tuera le dernier animal de la planète ? »)

P. Servigne, « Lorsque tout bascule », *Imagine demain le monde*, n° 107, 2015, p. 40-41. (Chapitre 3, section « Que se passe-t-il lorsqu'on franchit les rubicons ? »)

（1）Y. Cochet, « L'effondrement, catabolique ou catastrophique ? », *Institut Momentum*, 27 mai 2011.

（2）P. R. Ehrlich et A. H. Ehrlich, « Can a collapse of global civilization be avoided ? », *Philosophical Transactions of the Royal Society B*, vol. 280, n° 1754, 2013, p. 20122845.

（3）J. Brown, « Mankind must go green or die, says Prince Charles », *The Independent*, 23 novembre 2012.

（4）Ch. Bonneuil et J.-B. Fressoz, *L'Événement Anthropocène. La Terre, l'histoire et nous*, Seuil, 2013.［クリストフ・ボヌイユ／ジャン＝バティスト・フレソズ『人新世とは何か――〈地球と人類の時代〉の思想史』野坂しおり訳、青土社、2018年］

訳者あとがき

天気予報で「異常気象」という言葉が使われだしたのは何年前のことだろう？　けれどもここ数年はもはや異常が異常ではなく「通常」となり、気候温暖化で地球が悲鳴を上げているのが目に見えてわかるようになっている。とくに昨年二〇一八年の日本は、七月の西日本豪雨をはじめ、次々と自然災害に襲われ、災害列島と言われるほどだった。これは世界的な現象で、同時期ヨーロッパでは、熱波や洪水、豪雨、干魃《かんばつ》が頻繁に発生し（今年はその発生頻度がさらに高くなっている）、さすがに人々も地球の歯車がどこかで狂いだしたと感じたのだろう。フランスで、四年前の二〇一五年に出版された本にがぜん注目が集まり、大きな反響を呼んで、一挙にベストセラーに躍りでた。それが本書である。

原題は《*Comment tout peut s'effondrer : Petit manuel de collapsologie à l'usage des générations présentes*》（こうしてすべてが崩壊する――現世代のための崩壊学ハンドブック、スイユ社刊）。サブタイトルにある「collapsologie：コラプソロジー」は、著者たちの造語で、「崩壊学」の意味。つまり、私たちの現代文明が、近い将来、いや現世代が生きているあいだに、崩壊する可能性が高いことを、膨大なデータや指標で予測する衝撃的な内容である。

たしかに人類の歴史をかえりみると「私たちに先行したすべての文明は、どんなに繁栄していても、衰退や崩壊の憂き目にあった」(本文より)。だから、現代の産業文明がいずれ崩壊する可能性はまったくゼロではないのだが、しかしここまで明確に予測したのは本書がはじめてではないだろうか。ところがそれに関しても、じつは私たちが詳しいことを知らなかったか、知らされなかったか、知ったとしても聞く耳を持たなかっただけだったことがわかって愕然とする。たとえば気候温暖化では、二〇年前からＩＰＣＣ(気候変動に関する政府間パネル)が平均気温上昇による影響を報告しており、ほかにも学識者やドイツ連邦軍、信頼できるシンクタンクなどが、行きすぎた人間中心主義への警告を発していたのである。

現在、私たちの危機意識はようやく地球温暖化に向けられているところだが、喫緊の問題は気候だけではない。現代文明の土台であるエネルギー(オイルピーク＝石油生産量がすでにピークに達している)をはじめ、金融、経済、環境、生物多様性……など、すべてのシステムが崩壊寸前になっているのである。

とはいえ、本書は一般的にいう「終末論」とはハッキリと一線を画している。

第1部では、私たちの現代社会や地球システムの現状がいかに危ういか、指標やデータで詳しく述べられ、このままのペースで突き進むと崩壊に至ることが予測できる。ここで衝撃的なのは、あらゆる分野での「危機要因」が現在、指数関数的に増加しており、気がついたときは遅すぎ、さらには仮に持続可能な新しい技術が現われても、現在のようにすべてのシステムが巨大化した複雑系社会では、社会学でいう「ロック・イン現象」が働いて、改革の動きがブロックされてしまうという事実である。

第2部では、崩壊の予測をふまえたうえで、未来に視点が向けられ、これまで発表されたさまざまな指標が紹介されている。ここでは未来モデルの一つ、一九七〇年代初頭に発表された「ワールド3」（メドウズ・モデル）が、四〇年以上を経た現在でもなお信頼性が高いという事実に驚く。ちなみにこのモデルでは、現在の熱工業文明の全体的な崩壊は、かなりの確率で二十一世紀前半に起こると予想されている。

そして第3部では、崩壊とは実際にどういうものかが、さまざまな角度でとらえられている。ここでとくに興味深いのは、崩壊を信じようとしない人間の心理的な面（認識のバリア）と、信じるには死を受け入れるのと同じような喪のプロセスが必要ということだ。

とにかく詳しくは本書を読んでいただくとして、仮に現代文明が崩壊しても、地球や人類が消滅するわけではなく、逆に、それを機に新しい未来を構築できるという、希望が描ける本でもある。本書を読んだあと、みなさんの意識や行動がどのように変わるのか、それとも変わらないのか、ちょっと知ってみたい気持ちである。

最後に、本書では企画段階からいつもながら編集室カナールの片桐克博さんに大変お世話になった。また、こうして形になったのも草思社編集部の碇高明さんのおかげ、心からお礼を申し上げます。本当にどうもありがとうございました。

二〇一九年七月

鳥取絹子

著者略歴

パブロ・セルヴィーニュ Pablo Servigne

1978年ヴェルサイユ生まれ。農業技師で生物学博士。崩壊学とトランジション、環境農業、相互扶助の専門家。著書に『危機の時代のヨーロッパで食を供給する』(未訳、2014年)などがある。

ラファエル・スティーヴンス Raphaël Stevens

ベルギー出身。環境コンサルタント。社会環境システムのレジリエンスの専門家。環境問題の国際的コンサルタント組織「グリーンループ」の共同創設者。

訳者略歴

鳥取絹子 とっとり・きぬこ

翻訳家、ジャーナリスト。主な著書に『「星の王子さま」隠された物語』(KKベストセラーズ)など。訳書に『私はガス室の「特殊任務」をしていた』(河出文庫)、『巨大化する現代アートビジネス』(紀伊國屋書店)、『地図で見るアメリカハンドブック』『地図で見る東南アジア』『地図で見るアフリカ』(以上、原書房)など多数。

崩壊学

人類が直面している脅威の実態

2019年 9月 4日	第1刷発行
2019年 10月 30日	第2刷発行

著　者　パブロ・セルヴィーニュ
　　　　ラファエル・スティーヴンス
訳　者　鳥取絹子
装幀者　Malpu Design(清水良洋)
発行者　藤田　博
発行所　株式会社 草思社
　　　　〒160-0022 東京都新宿区新宿1-10-1
　　　　電話 営業 03(4580)7676 編集 03(4580)7680
本文組版　有限会社 一企画
本文印刷　株式会社 三陽社
付物印刷　株式会社 暁印刷
製本所　加藤製本 株式会社

ISBN978-4-7942-2412-5 Printed in Japan 検印省略